Tine Rahel Völcker
Chantal Akermans Verschwinden.
Les Rendez-vous de Tarnów

Gestaltung und Satz: Hannes Drißner, Spector Books
Lektorat: Jan-Frederik Bandel
Druck und Bindung: Gutenberg Beuys Feindruckerei GmbH

DIE DEUTSCHE NATIONALBIBLIOTHEK VERZEICHNET DIESE PUBLIKATION IN DER DEUTSCHEN NATIONALBIBLIOGRAFIE; DETAILLIERTE BIBLIOGRAFISCHE DATEN SIND IM INTERNET ÜBER HTTP://DNB.D-NB.DE ABRUFBAR.

Erschienen bei Spector Books, Leipzig
www.spectorbooks.com

Vertrieb:
DE/AT: GVA, Gemeinsame Verlagsauslieferung Göttingen GmbH & Co. KG, www.gva-verlage.de
CH: AVA Verlagsauslieferung AG, www.ava.ch

Erste Auflage
Printed in Germany

ISBN 978-3-95905-295-5

Chantal Akermans Verschwinden.
Les Rendez-vous de Tarnów

Tine Rahel Völcker

Dieses Buch ist der Spiegel einer Reise: Sie führt nach Tarnów, siebzig Kilometer östlich von Krakau, und sie führte mich über den Zeitraum von etwa einem Jahr durch Chantal Akermans Filme und Bücher.

Den größten Teil der Reise verbrachte ich aber nur an einem Ort, im Bett.

In Chantal Akermans Filmen nimmt das Bett viel Raum ein – oder Zeit, viele Minuten, in denen die Kamera auf ein Bett schaut oder einen Menschen im Bett. Der sich nicht selten wie ein Clown verhält.

Ich reise also nach Tarnów
und lege mich ins Bett.

Die Komik des Bettes sinkt hier tonnenschwer ein.

Ich ziehe mir eine polnische Zudecke
über den Kopf.

Schutz eines Rückzugs, mit fatalen Folgen, und wenn schon. Man kommt nicht mehr raus, nistet sich ein in einer Fantasie, die immer kruder wird.
Polen hat für mich etwas damit zu tun: mit der Dunkelheit der (Alp-)Träume, die mich unter der Decke erwarten.

Dieses Buch ist möglicherweise fürs Bett geschrieben.

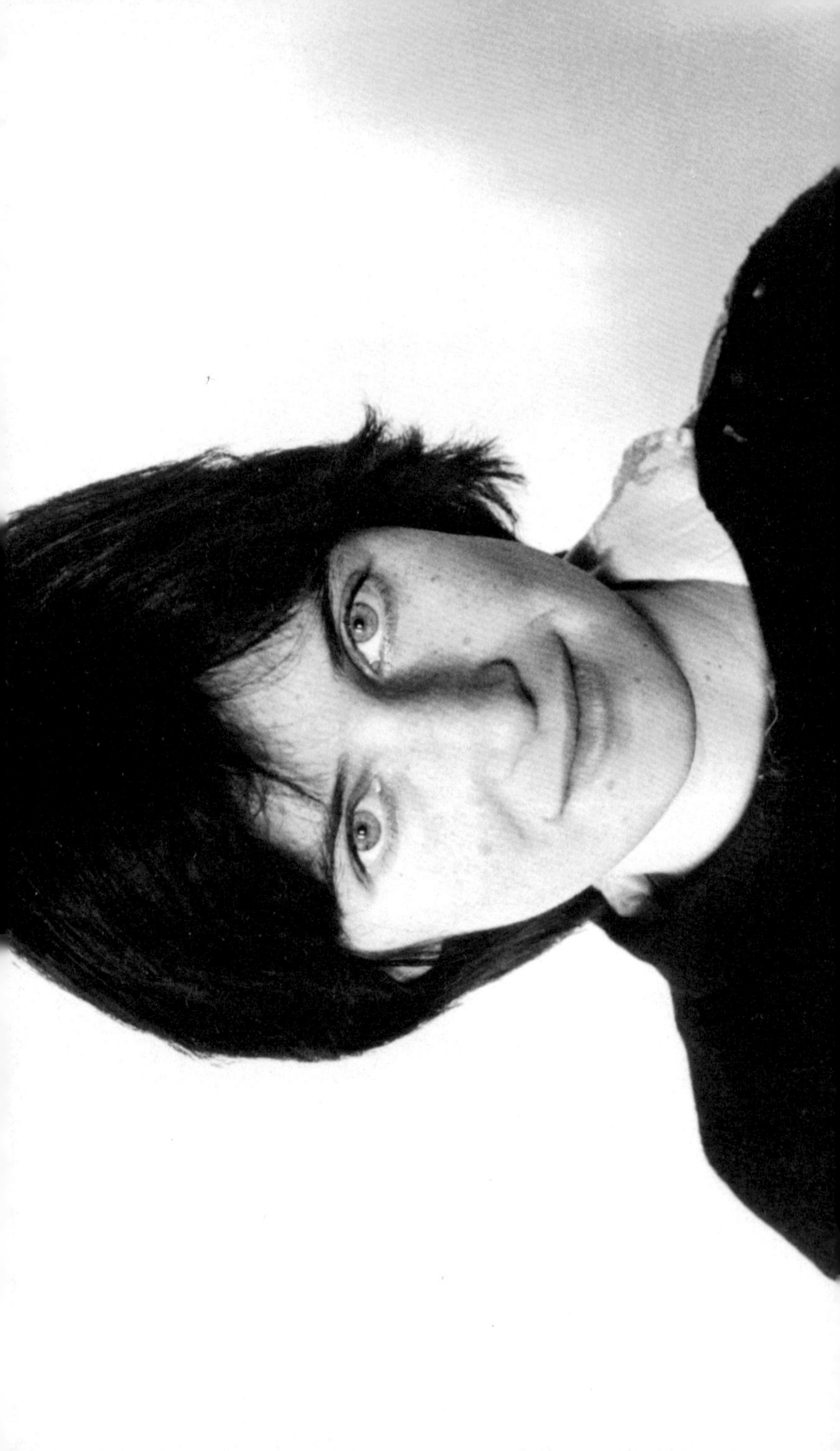

VORWORT

Das Licht ist grell, schon weihnachtlich. Ich blicke in die Auslagen eines Dessousgeschäfts, über rote und schwarze Spitzenhöschen, um die sich silberne Girlanden schlängeln. Ich gehe rückwärts durch die Tür, durch die ich gerade zuvor eingetreten bin, und versichere mich: Der Pfeil auf dem Schild mit den Worten »Peron/To the tracks« weist geradeaus. Ich folge ihm und stehe erneut vor dem Dessousgeschäft. Ich frage die Verkäuferin, wo der Bahnhof ist. Sie sagt, hier. Ich lächele freundlich und warte. Nichts. Ich gehe zum nächsten Geschäft, in dem bunte und glänzende Krawatten angeboten werden. Entschuldigen Sie, ich suche den Bahnsteig, von wo aus der Zug nach Tarnów fährt. Ich will zu Chantal Akerman. Ich meine, zu ihren Filmen. Ich meine, ich will ihre Filme wieder nach Tarnów bringen. Kennen Sie Chantal Akerman, sie war eine belgische Filmemacherin? Ihre Familie kam aus Polen. Wofür sie bekannt war? Das kann ich Ihnen sagen, sie hat Frauen auf eine nie dagewesene Weise gefilmt, hat den Kamerablick vom Voyeurismus befreit und stattdessen in eine anarchische Freude und Mitteilsamkeit – ich stocke, weil mein Blick auf eine Krawatte fällt, die mich an irgendetwas erinnert. Und zuletzt hat sie mit ihrer Joseph-Conrad-Verfilmung ALMAYERS FOLIE die Krankheit des weißen Mannes gefilmt, höre ich mich sagen, eine braun gestreifte Seidenkrawatte zwischen Daumen und Mittelfinger in ihrer Stärke ausmessend. Sie ist zu dick, sage ich, wie fast alle Krawatten, und ich überlege, wie die Lederkrawatte ausgesehen haben mag, die Chantal Akerman 34-jährig zwischen ihre Finger nahm und den Psychiater, zu dem die Krawatte gehörte, fragte: Wussten Sie, dass die Nazis aus jüdischer Haut Lampenschirme gemacht haben? Vielleicht sagte sie auch: Aus welcher Haut ist Ihre Krawatte?

Chantal Akerman beschreibt die Szene in ihrem Buch *Ma mère rit*. Das Klinikpersonal habe ihr daraufhin alle spitzen Gegenstände abgenommen und sie eingesperrt. Zu ihrem Psychiater, der sich als Dr. Campagne

vorstellte, was so viel heißt wie Dr. Land/Ländlich, sagte sie: Sie verstecken doch Ihren wahren Namen in der französischen Erde, irgendwo auf dem Land, dabei sieht man gleich, dass Sie nicht vom Land kommen.

You want to buy it? Der Krawattenverkäufer reißt mich aus den Gedanken.

Nein. Ich brauche keine Krawatte, ich reise nicht als Mann. Ich fahre nach Tarnów, ich bin in Begleitung einiger Filme Chantal Akermans. Wo geht es hier zu den Gleisen? Der Verkäufer dreht mir den Rücken zu, als würde sich hinter ihm in einer Flucht aus sauber aufgereihten Krawatten der Bahnsteig eröffnen, tatsächlich wendet er sich der nächsten Kundin zu.

Meine Nervosität steigt. Ich frage die erstbeste Passantin vor der Ladentür: Bitte, wo geht es zu den Bahnsteigen? Die junge Frau, fast noch ein Mädchen, trägt eine Mütze mit einem apfelsinengroßen Bommel aus Fuchspelz, zeigt stumm über die Rolltreppe nach unten und verschwindet im Gewühl. Unten angekommen gehe ich durch eine Glastür und stehe nach wenigen Metern vor einer Kasse. An der Ladentheke gibt es Schubfächer aus Plexiglas, darin bunte Bonbons und Schokolade. Ich will nach Tarnów, sag ich. Ja, antwortet die Verkäuferin ausdruckslos. Und plötzlich meine ich zu verstehen und lege mir einen Satz zurecht, der alles erklären soll, von den fossilen Spuren in Klängen, Gesten und Blicken der Menschen, in die sich etwas abgelagert hat, deren elterliche Geschichte noch ihren steinernen Abdruck irgendwo auf dem Gesicht hinterlässt, doch bevor ich zu sprechen beginne, sagt die Verkäuferin schmallippig: Dies ist ein Süßwarengeschäft. Ich dachte, dies wäre der Bahnhof, sage ich, ich dachte, von hier würde eine Bahnlinie in das jüdische Städtchen Tarnów fahren, in das einst jüdische Städtchen. Oben, sagt die Verkäuferin und zeigt auf die Rolltreppe.

Ich fahre auf drei Rolltreppen an Kaffeeautomaten, Turnschuhen und Golfschlägern, an Edelstahlgeschirr, puscheligen Wollmützen und roten Regenjacken vorbei,

die offenbar grad in Mode sind, denn in der kurzen Zeit habe ich sieben Frauen gezählt, die sie tragen. Gerade beginne ich zu akzeptieren, dass ich den Bahnsteig nie finden werde, dass es sich womöglich um eine vollkommen andere Art von Bahnhof handelt, wo der Transport nicht mehr in tonnenschweren Eisenfahrzeugen stattfindet. Schon kommt es mir so vor – dem Eingangstor eines Multiplexkinos entgegenrollend –, als befände ich mich in Chantal Akermans ironischer Musikkomödie GOLDEN EIGHTIES, die in einem Einkaufszentrum spielt und von nichts als dem Begehren und der Suche nach begehrten Objekten handelt. Der Chor der Milchbarjungs tritt schwungvoll ins Bild – Attention! Attention! – und kündigt das Erscheinen der schönen Lilly an, während in den dunklen Reihen des benachbarten Passagenkinos die Ehefrau eines Boutiquenbesitzers ihren Mann und ihr Geschäft für kurze Zeit verlässt, um in einer verzweifelten Begegnung ihre Jugendliebe aus Polen wiederzusehen. Unschwer ist Chantal Akermans Mutter in dieser Filmfigur zu erkennen, auch Natalja Akerman führte später in Brüssel gemeinsam mit ihrem Mann eine kleine Boutique, auch sie war aus Polen emigriert. Auch sie könnte nach dem Krieg und dem Lager zu ihrem polnischen Geliebten gesagt haben: Mein Herz ist tot. Der Liebhaber aus der Vergangenheit beschwört sie nun in polnischen Liebkosungen, zu ihm zurückzukehren. Der Schauspieler Charles Denner, der hier den betrogenen Ehemann und Ladenbesitzer gibt, stammt indes, wie Natalja Akerman, aus der polnisch-jüdischen Stadt Tarnów. Aus dem Tarnów vor dem Krieg.

Auf die Frage, ob Sie englisch spreche, antwortet die ältere Frau hinter dem Fahrkartenschalter mit einem offenen polnischen O und breiten Ä am Ende: Only minimal. Ich bin hingerissen und frage mich, ob die Dame mit meiner Verblüffung irgendetwas anzufangen weiß. Eine so schöne Art, sich ohne Scham zu einem mangelhaften Englisch zu bekennen und dabei viel origineller zu sein als das abgedroschene: Just a little bit.

Das kurze dunkelblonde Haar der Frau liegt in gleichmäßigen münzgroßen Lockenwicklerlocken um ihren Kopf und umkränzt ihn feierlich. Im Zentrum das entschiedene Gesicht mit hervortretenden blauen Augen, einer breiten Nase, vollen Lippen und großen, wissbegierigen Ohren. Ich habe als Ziel meiner Reise Tarnów genannt, ihr Kopf nickt, die Fingerkuppen tippen, und der Rechner rechnet, die Frau sieht auf den Monitor. Durch das weiße T-Shirt mit gefaltetem Kragen ist ein Spitzen-BH und ebenso deutlich das darauf gedruckte Blumenmuster zu erkennen. Über die Mikrofonanlage einer uns trennenden Plexiglasscheibe ertönt das Knattern einer viereckigen bräunlichen Maschine, mit steilen groben Kanten in der Größe eines alten Kassettenrekorders, die sich hinter der Frau erst ächzend, dann immer schneller und ruckhaft in Bewegung setzt und stotternd meine Fahrkarte und den Zahlungsbeleg ausdruckt. Die Klänge wandern über ihr knisterndes Mikrofon und landen mit der Verstärkung des Lautsprechers auf meiner Seite des Schalters, wo sie mit Hall unterlegt den Raum erfüllen.

Die Kamerafrau Babette Mangold beschreibt in einem Text Chantal Akermans Soundverfahren so: Den einen markanten Ton galt es so groß wie möglich zu ziehen, zu isolieren von den übrigen Tonspuren. Alle sogenannten natürlichen Nebengeräusche wurden gegen null gefahren. Die Illusion von Realismus wurde so von vornherein verhindert. Warum Chantal Akerman den Realismus *natürlicher Geräusche* nicht mochte? Weil es sie nicht gibt, so die Antwort, die scheinbar natürlichen Geräusche gibt es nicht, da zwei Personen im gleichen Raum niemals dasselbe hören. Als Konsequenz daraus ergab sich für die beiden Filmemacherinnen eine bewusst stilisierte Tonspur, die klanglich der jeweiligen Perspektive der Filmfigur entsprach und nur ihrer subjektiven Wahrnehmung verpflichtet war.

Am Krakauer Shoppingbahnhof höre ich das seltsame Knattern einer alten Kassenmaschine, das einsam

durch die Bahnhofshalle tönt. Und anschwillt. Bis nichts anderes mehr zu hören ist.

Es ist der Soundtrack zum Blümchenmuster unter dem weißen Kragenshirt der älteren Frau und zu ihrem ruhigen Blick auf die sich immer weiter kräuselnde Bonschlange: ein wehmütiges tacktacktack simm-simm paggpagg-krrrrr. Aus der Zeit gefallen, dieser Sound, der mich mit hinüberzieht in einen anderen Raum, in dem's ein wenig hallt, wodurch die eigene Stimme angenehm fremd klingt.

Ich bedanke mich für die lange Fahne und renne zum Gleis.

Als könnte es mein Wegweiser oder eine Navigationshilfe sein, habe ich kurz zuvor das Buch *Une famille à Bruxelles* aus meinem Rucksack gekramt und presse es mit beiden Händen an mich.

Chantal Akerman hat zwei Bücher geschrieben. Das erste trägt den Untertitel »Récit«, Bericht. Auch in ihrem ersten Film SAUTE MA VILLE folgt auf die Einblendung des Titels sogleich die Bezeichnung »Récit«, die mehr ist als eine formale Kategorie. Das Wort Bericht weist auf eine ethische Dimension hin: die Weitergabe von Erfahrung, die Verantwortung zu erzählen. Einem »Bericht« haftet stets eine Notwendigkeit, wenn nicht sogar eine Verpflichtung an.

»Und dann sehe ich wieder eine große Wohnung in Brüssel, fast vollkommen leer. Mit nichts darin als einer Frau, meist im Morgenmantel. Einer Frau, die gerade ihren Mann verloren hat. Es ist seltsam, ich sehe diese Frau nie draußen, dabei geht sie ab und an raus, läuft durch die Straßen, wartet auf die Bahn. Doch ich sehe sie nicht dort, ich sehe sie nur drinnen, am Telefon oder vorm Fernseher, ausgestreckt in einem Sessel, manchmal blättert sie in einer Illustrierten. Wenn sie telefoniert, spricht sie sehr laut und mit einer großen Freude, die oft falsch klingt aber manchmal auch echt.«

Das Buch beginnt mit dieser Sicht auf die Mutter, die in der Vorstellung der Tochter ihre Wohnung niemals verlässt. So wie wir auch Chantal Akerman in ihren Filmen häufig in der Gefangenschaft einer Wohnung oder eines einzigen Zimmers sehen werden. Mir fällt auf, dass ich ebenfalls dabei bin, einen Bericht zu schreiben. Récit. Aber auf Deutsch. In der Sprache der Besatzer, die viele Berichte schrieben. Sogar von ihren Verbrechen, die sie schamlos glorifizierten. Ist es möglich, auf Deutsch einen zärtlichen Bericht zu schreiben?

In das Abfahrtsignal des Regionalzugs hinein, das in seiner Lautstärke eher einem schreienden Alarm gleicht, knallt plötzlich der Sound eines Polterns schwerer Wagen und quietschender Räder: Der Zug setzt sich ruckelnd in Bewegung, nimmt Fahrt auf, säuselt und pfeift endlich gleichmäßig, während am Fenster eine nächtliche, kahle Winterlandschaft vorbeifliegt.

Es ist ein Wagen mit offenen Vierer-Abteilen, die Holztür zum Wagen klemmt, ein Muskelpaket von Mann in langen Sporthosen, etwa dreißigjährig und mit kahlem Kopf, springt auf, sobald jemand von draußen an der Tür rüttelt, präsentiert lächelnd seine Kraft und lässt die Reisenden eintreten, als wären sie seine Gäste. Dann lässt er sich wieder auf den Sitz fallen und mustert aufmerksam die Eintretenden. Ich sitze in dem Abteil links von ihm, mir gegenüber ein junger Mann, Schulabgänger oder junger Student, ebenfalls mit millimeterkurzem Haar, runden schwarzen Augen und feinen Gesichtszügen. Er schaut abwechselnd auf sein Telefon und aus dem Fenster in das Dunkle, seufzt oder klopft unruhig mit den Fingerspitzen gegen den gummierten Fensterrahmen. Um sein Handgelenk trägt er ein Armband, rot-weiß, auf dem POLSKA steht.
Der Zug hält alle paar Minuten. Cikowiçe, Bochnia, Rzezawa, und mit dem gleichen *Nööööt* setzt er sich polternd wieder in Bewegung. Zwei Frauen, nicht alt, nicht jung, aber jugendlich angezogen, steigen ein und bringen

drei Farben in den holzverkleideten Waggon. Ihr Rosa, Violett und Gold hat auch einen eigenen Klang. Eine kurze Unterhaltung, dann ein Lachen, das anschwillt und mitreißt, bevor es seinen Charakter verändert, kalt wird, hart mit scharfen Kanten. Die zwei Frauen biegen sich vor Lachen. Es klingt schadenfroh, gehässig. *Ai-hi-hi-eh schnauf schnauf*. Sie lassen keine Pause zwischen den Witzen. Sie kommen aus der Puste, hecheln. Die eine stößt eine Bemerkung hervor, leise, fast geflüstert, die andere bricht aus wie ein Vulkan. *Ah-jiiii*. Wir sind im Bahnhof Brzesko, kurz vor Tarnów. *Nööööt* und ein Zischen, das ist wieder das Gefährt, von unten dröhnt es, und von der Seite sprühen die Funken der Lava. *Ha-hi-hi-hiiii*. Ich lausche anderthalb Stunden diesen Sounds, dann bin ich da.

Ich frage den Taxifahrer, ob er englisch spricht. Er startet den Motor und grinst. Er wirft seinen Kopf so schwungvoll zurück, dass sein schulterlanges weißes Haar seitlich wie die Ketten eines Karussells in die Höhe fliegt. Er spricht energisch und freundlich:

Do you think I am American?
That's true, I look more American than Polish, right?

Ich betrachte sein schneeweißes Haar, das zu den Worten hin und her wippt, die schwarze Hornbrille auf seiner breiten Nase, die grobporigen Wangen, das Blitzen in den schmalen Augen. Ich sage, er sieht aus wie jemand, der überall zu Hause sein kann. Und zu keinem Land gehört.

Er lacht. 28 Jahre habe er in Amerika gelebt, in New York fühle er sich mehr zu Hause als hier. Wir halten an einer Ampel. Look, that dead city!
Freitagabend, und kein Mensch auf der Straße.

Warum er zurückgekommen ist nach Tarnów, frage ich.

Wegen seiner Mutter, lautet die Antwort.
Sie war krank und brauchte Hilfe.

Lebt sie noch?

Nein, sie ist seit zwei Jahren tot.

Die Flüge nach New York seien inzwischen unbezahlbar. Jedenfalls für ihn. Er rechnet nicht mehr damit, in die USA zurückzukommen, er hängt hier fest.

She was old and in a bad condition. Yes. Stille.

Er fragt jetzt, wo ich herkomme. Germany. Oh. Germany. Yes. Stille.

Ich erzähle von Chantal Akerman.

Er sagt, früher habe er viel mit Leuten aus Paris zu tun gehabt, die so wie er in New York gestrandet waren. Ich frage, was er beruflich dort gemacht habe, und er erzählt, dass er ein Fotogeschäft hatte, im Studio Porträtaufnahmen gemacht und gebrauchte Kameras verkauft hat. But not that digital crap, good old cameras like Leica.

Wir sind am Hotel. Er erkundigt sich nach den Übernachtungspreisen und gibt mir seine Karte, für den Fall, dass ich die nächsten Tage noch mal ein Taxi brauche. Aber ruf mich nicht vor 14 Uhr an, da schlafe ich noch!

Ich verspreche, es nicht zu tun, und steige aus. Auf der Karte steht: Taxi Albert.

Mein Zimmer liegt unterm Dach des zweistöckigen Neubaus. Das Hotel ist die wirtschaftliche Expansion eines Campingplatzes, auf dessen winterlich verwaistem Gelände, umgeben von Bungalows, das Gebäude in die Höhe ragt. Das betont edle Ambiente macht die Räume lächerlich und unangenehm. Vor einer Terrasse mit Kunstrasen und rustikalen Schnitzereien erheben sich im Speisesaal breit geraffte dunkelbraune Vorhänge mit Goldborte, dazu gleitet ein Barkeeper in roter Livree wie ein Eiskunstläufer zwischen den Stühlen hin und her. Im Zimmer oben angekommen packe ich aus: SAUTE MA VILLE, NEWS FROM HOME, LES RENDEZ-VOUS D'ANNA, D'EST und LÀ-BAS. Ich frage mich, ob die Anziehungskraft der Filme es überhaupt zulassen wird, dass ich mich aus diesem Zimmer entferne. Vielleicht werde ich auch

einfach im Bett bleiben. Natürlich, im Bett! Chantal Akerman benutzt das Bett in ihren Filmen wie keine andere. Sie verwandelt das Bild der wartenden oder passiven Frau im Bett in die Slapsticknummer eines traurig-komischen Clowns. Einer Clownin. Der Witz liegt in der freien Betrachtung des eigenen unfreien Körpers in seinen freien – oder unfreien – Handlungen. Oder in einer schlafwandlerischen Stimme wie der Arianes im Film LA CAPTIVE, wo sie in der Berührung mit ihrem Geliebten, der sich von hinten an ihr reibt, im Rausch den Namen ihrer Freundin Andrée haucht, was den Freund sofort zurückweichen lässt, da er auf diese Andere eh schon die ganze Zeit eifersüchtig ist. Ariane aber geht auf seine Eifersucht nicht ein – warum sie in seiner Obsession gefangen ist, sich in diese Gefangenschaft hineinbegeben hat, wissen wir nicht. Aber der Umgang mit dieser Gefangenschaft ist mehr als charmant, er ist zutiefst komisch und leicht. Kommst du morgen mit uns mit?, fragt sie.

Das clowneske, kindliche oder alberne Spiel mit einer ernsten oder übermächtigen Situation ist die Weigerung, so denke ich, deren Opfer zu sein.

Ich öffne das Fenster. Es ist kurz nach halb elf, die Pilsudskiego schläft. Aus dem Haus auf der gegenüberliegenden Straßenseite steigt Rauch, kalte, feuchte Luft dringt in das Zimmer, Albert, der New Yorker von Tarnów, meinte, es solle diese Woche noch schneien. Zwei Fenster in dem gegenüberliegenden Haus im ersten Stock sind erleuchtet. Im hohen rechteckigen Fenster der Nordseite sehe ich die Silhouette eines Menschen. Da der Umriss sich nicht rührt, bin ich mir nicht sicher, ob es sich vielleicht doch um ein Möbelstück oder den Schatten einer Lampe handelt. Aber nein, ganz und gar nicht – wie meine Gedanken der optischen Wahrnehmung hinterherhinken, die auf Anhieb gewiss war: Ohne Zweifel ein Mensch. Keine andere Gestalt ist so leicht zu erkennen, selbst aus großer Entfernung, die

Beine, der Rumpf mit einem Kopf auf einem schmalen Stängel und von dort die sanft abfallenden oder auch breit drangezimmerten Schultern, die in die Arme fließen. Ich denke, was für eine schöne unverwechselbare Kontur, keinem Möbelstück und keinem anderen Körper vergleichbar. Da steht also die Silhouette eines Menschen, der wie ich am Fenster steht und das erleuchtete Fenster gegenüber, das heißt also meines, betrachtet. Kaum habe ich diese Gewissheit, schon kommt mir an dem Anblick etwas merkwürdig vor. Die Starre des Körpers und das fahle Licht, in dem der Körper fast ohne Farben erscheint. Ein mattes gräuliches Orange des Zimmers, in dessen Mitte undeutlich ein Körper steht, der entweder auch orange-graue Kleidung trägt oder gar keine. Ein Schatten, den mein Auge nicht zu fassen kriegt. Und jetzt bewegt er sich. Ich winke. He da, kein Thriller ist das hier, sondern ein Roadmovie! Sein linker Arm bewegt sich, die Arm-Hand-Linie des Rumpfes formt sich zu einem Bogen, der jetzt von der Schulter zum Geschlecht reicht. Ich wende mich ab. Als ich wenig später das Fenster schließe und mir sage, dass ich den exhibitionistischen Schatten bloß fantasiert habe und es sich mit Sicherheit um die Umrisse einer Lampe mit ihren Stangen und Gelenken von Kabeln handelte, die wieder unbeweglich im Halbdunkel stehen, schaue ich rüber und sehe, das Haus ist jetzt dunkel, die Lichter sind aus.

SAUTE MA VILLE

(1968)

KAPITEL I

Kamera: RENÉ FRUCHTER
Schnitt: GENEVIÈVE LUCIANI
Darstellerin: CHANTAL AKERMAN

35 MM, SCHWARZ-WEISS, 13 MIN

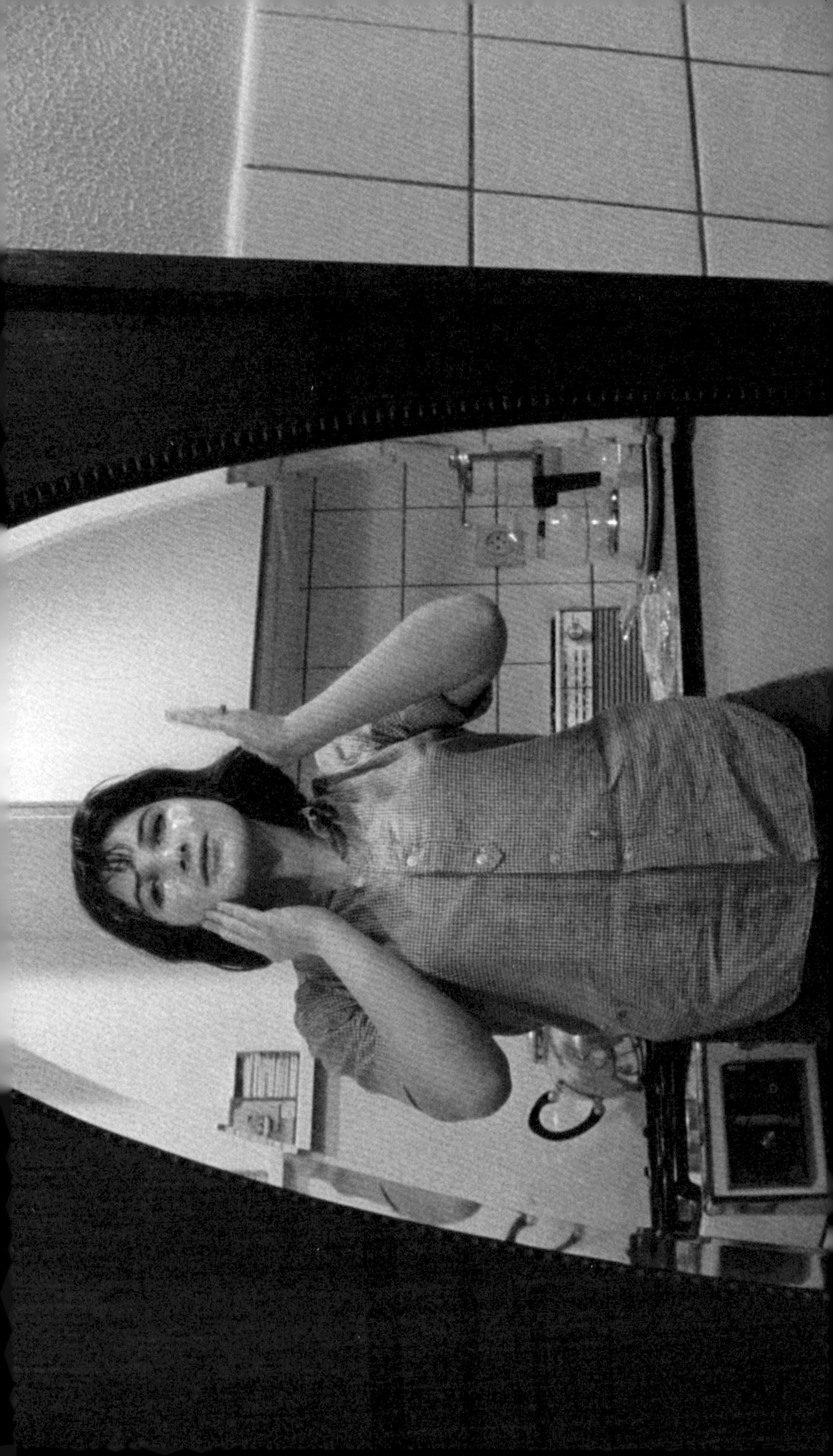

Chantal Akerman schreibt in einem Poem über ihren ersten Film SAUTE MA VILLE (zu deutsch: Flieg hoch, meine Stadt), er sei die Antwort an ihre Mutter, die zur jugendlichen Tochter sagte: Alles, ich tu alles, Chantal, aber nicht erzählen, sonst werde ich verrückt.

Also, folgert die Tochter, die 1950 in Brüssel geboren wurde, musste *ich* erzählen. Auf *meine* Weise, singend, durchdrehend. Als Drehort für ihre erste Film-Erzählung wählt die 18-Jährige die Küche ihrer Eltern, ihrer Mutter genau genommen. Der Film beginnt mit einer schnellen Kamerafahrt über der neblig-trüben Straßenansicht vor einem Hochhaus, saust vom Hauseingang die Fassade des Neubaus hoch in den Himmel, verweilt kurz am Dach des Hauses. Dann sieht man eine junge Frau, Chantal Akerman, den Hausflur betreten, den Briefkasten öffnen und einen Brief herausnehmen, ein Lied summend, immer lauter, übergehend in lauten Gesang, während sie auf den Fahrstuhl wartet, des Wartens schließlich leid, zu laufen beginnt, die Treppen hoch im Wettlauf mit dem Lift. Aus dem Off begleitet sie ihre spontane körperliche Verausgabung mit dem süffisanten sonoren Lalala eines Chansons, ihn persiflierend, belustigt und vergnügt. Jetzt betritt sie die Küche, die sie für die Dauer des Films nicht mehr verlassen wird, den Brief, den sie unten aus dem Kasten holte, in der Hand. An der Küchentür das Foto einer schwarzen Sängerin, ein Foto, das sie selbst zeigt, zur Verdeutlichung ein Zettel mit der Handschrift »C'est moi« und daneben die riesige Comic-Zeichnung eines Schlumpf-Pfarrers mit der Sprechblase: »Go home!«

Als Erstes wird der Brief am Griff des Oberschranks aufgespießt. Beiläufig fast. Dann Essen gekocht. Nudeln. Gegessen. Die Ritzen der Küchentür mit Gaffertape abgeklebt, auch das beiläufig. Weiter wird sie putzen und putzend Chaos anrichten in einem schmalen, schlauchartigen Zimmer von etwa zehn oder zwölf Quadratmetern, wird abwechselnd singen und Stille exerzieren, am Ende den Gasherd aufdrehen, Explosion.

Rodzina Betrübniss, lese ich auf dem ersten Grabstein am Wegrand. Rodzina ist das polnische Wort für Familie. Familie Betrübniss liegt hier begraben. Dahinter steht eine oben schräg abgebrochene Säule mit einem Davidstern und einer hebräischen Inschrift. Sie lautet übersetzt: Die Sonne schien herab und schämte sich nicht. Sie stammt aus einem Gedicht des jüdischen Schriftstellers Nachman Bialik, das 1903 nach einem Pogrom im 800 Kilometer südöstlich gelegenen Kiszyniov, der heutigen Hauptstadt Moldawiens, geschrieben wurde. Der polnisch-jüdische Bildhauer Dawid Beker verwendete 43 Jahre später Bialiks Klage über eine sich von Mordtaten unbeeindruckt zeigende Sonne als Inschrift für das Mahnmal, das nun der Vernichtung einer ganzen jüdischen Stadtbevölkerung gedachte: Von über 25.000 Tarnówer Juden haben in der Stadt selbst nur neun Menschen in einem Versteck überlebt.

Das Mahnmal besteht aus einer gebrochenen Säule, dem einzigen verbliebenen Zeugnis aus der zerstörten Neuen Synagoge. Dawid Beker hat sie rechts vom Friedhofstor und nach Norden blickend aufgestellt: Dort, wenige Meter hinter dem Eingang des alten jüdischen Friedhofs wurden im Sommer 1942 Tausende Tarnówer Juden von SS-Männern hingerichtet.

(Der Grabstein der Familie Betrübniss schaut nicht dorthin, sondern steht abgewandt, in Richtung Ausgang blickend.)

Was aus Dawid Beker wurde und wann er Tarnów wieder verlassen hat, verrät die Gedenktafel nicht. Oder ob es ein Wort gibt für den Schock jener Männer und Frauen, die nach dem Krieg zurückkehrten und ihr Tarnówer Sztetl gänzlich ausgelöscht fanden. Kaum mehr als 400 waren es, die nach der Befreiung der Lager oder aus ihrem Exil in der Sowjetunion zurückkehrten. Der Pogrom von Kielce im Juli 1946 trieb nur ein Jahr nach Kriegsende die eben erst zurückgekehrten Juden Tarnóws erneut in die Flucht: However, gradually the Jews started moving out of Tarnów, and after 1968

only a few of them remained, heißt es dazu lakonisch auf der Friedhofstafel.

Der letzte jüdische Einwohner Tarnóws, Abraham Ladner, hütete bis zum Schluss die Thora-Rolle im Bethaus der ulica Goldhammera. In einer Dokumentation des israelischen Filmemachers Igal Bursztyn sieht man ihn im Jahr 1988 auf einem Küchenstuhl vorm Gebetsraum, sein taubenblaues Sakko zugeknöpft, eine hellgraue ausladende Schiebermütze auf dem blanken runden Kopf, die Hände ruhen auf den Knien, halten sie fest: Es ist hoffnungslos. Es gibt keine nächste Generation. Sie immigrieren nicht hierher. Ladner geht mit schweren, lauten Schritten hinüber in den Gebetsraum. Er hebt die große Thora-Rolle elegant aus dem Schrank wie ein Musiker sein Instrument und legt sie sich über die Schulter: Ich habe keine Frau und keine Kinder. Wer wird sich um all das hier kümmern? Mit Ladners Tod im Jahr 1993 endete die 500-jährige jüdische Geschichte Tarnóws.

Ich verlasse im verspäteten winterlichen Morgengrauen das Zimmer.

Ein leichter Nebel, weit dahinter die Sonne. Ich schau im Vorübergehen zum ersten Stock des Hauses, wo ich am Abend zuvor eine nackte Person am Fenster halluziniert habe oder mein Sehnerv zu schwach und müde war, um sich sicher zu sein, einen Menschen und kein Ding zu sehen.

Das Haus beherbergt mehrere Parteien, eine greise Frau sitzt oben an einem Fenster vornübergebeugt am Tisch. An der nächsten Straßenkreuzung beginnt der Strzeleckipark, der sich südwärts fast bis zum Altstadtring erstreckt.

Ein großer städtischer Teich mit Enten und kleinen Kindern beim morgendlichen Spiel am Wasser. In der Mitte des Teichs ein auf vier Säulen emporragendes Mausoleum mit arabischen Schriftzeichen. Das Bild eines polnischen Generals flackert kurz auf, der gutmütig mit

seinen dunklen Augen und dem weißen Vollbart in die Kamera blickt, dann die hohe Stirn unterm Federhut wieder entschlossen in die verheißungsvolle Ferne richtet, einem Kanonenheer vorausreitend, und wieder aus dem Bild verschwindet: der polnische Volksheld Josef Bem, der zum Islam konvertierte und 1929 hier im Stadtpark Tarnóws in Ehren beigesetzt wurde.

Ich erreiche die Altstadt über die ulica Goldhammera, die an den jüdischen Rechtsanwalt und einstigen Vize-Bürgermeisters Tarnóws erinnert. An der nächsten Straßenecke ein türkisch-polnischer Imbiss, von dem aus man auf einen kleinen rotgepflasterten Platz tritt, der, flankiert von zwei Trauerweiden und einem üppig bepflanzten Rondell, an die alte Festungsmauer führt, wo sich vor 75 Jahren der Eingang zum Ghetto befand.

Kurz vorm zentralen Marktplatz ein weiteres Schild, das an die Auslöschung der jüdischen Hälfte der Stadt erinnert: Die erste »Aktion« führten die Nazis mitten auf dem Marktplatz durch, der nun vor mir liegt. Ich schaue quer über den Platz, er wird auch Perle der Renaissance genannt, da im nordwestlichen Winkel die Spitze der Basilika hervorlugt. Nicht nur die Sonne, auch der Turm der gotischen Kathedrale sah das Morden und schämte sich nicht. Es fand praktisch vor den Toren der Kirche statt.

BEKANNTMACHUNG!
OBWIESZCZENIE!

Zur Durchführung der vom SS- und Polizeiführer in Krakau angeordneten Judenaussiedlungen wird folgendes bekannt gemacht. Ab 10. IX 1942 erfolgen Judenevakuierungen.

Jeder Pole, der während der Aussiedlung einen Juden aufnimmt oder versteckt, wird erschossen.

Während des Transportes der Juden vom Sammelplatz zum Bahnhof ist das Betreten folgender Straßen und Plätze verboten:

Lembergerstr., Holzplatz, Bernadinerstr., Alter Markt, Gartenstr., Narutowiczastr., Kommandanturstr., Sportplatz am Bahnhof.

Die Bewohner der Häuser der genannten Straßen und Plätze haben bei Annäherung des Zuges die Haustüren und Fenster zu verschließen und jede Art der Beobachtung des Zuges zu unterlassen.

Nach nur einer Woche waren 20.000 Juden aus Tarnów und Umgebung ermordet, die meisten im Vernichtungslager Bełżec.

Ich lasse mir in der Touristeninformation den Schlüssel für den jüdischen Friedhof geben. Er liegt im Norden der Stadt, außerhalb der Altstadtmauern, vorbei an der Straßenkreuzung ulica Nowa und Waryńskiego, wo versetzt stehende fleischfarbene Neubaublöcke die Wunde einer Straße anzeigen, schon ohne das Schild ist die Farbe merkwürdig. Die Tafel sagt: Hier stand die größte Synagoge Tarnóws, 1908 zum Geburtstag des Kaisers feierlich eröffnet, weshalb sie von der jüdischen Gemeinde auch Kaiser-Joseph-Synagoge genannt wurde.

Ich setze meinen Weg fort, seltsam beschwingt nach den letzten Sätzen, ich wundere mich, macht mich das froh, dass die ganze Stadt mit Gedenktafeln gepflastert ist, die auf das einstige jüdische Leben hier verweisen? In der Tat erscheint mir die Stadt aufgrund ihrer Dichte an historischen Wegweisern heller und freundlicher.

Und prompt ertönt ein Lachen, grimmig und fatal, und es sagt: Es ist albern, ganz und gar albern, wie die bloße Anwesenheit von Schildern dich zu beruhigen vermag! Als hättest du auf so etwas nur gewartet. Keine Frage, eine Gedenktafel strahlt etwas Aufklärerisches, Souveränes, etwas Friedvolles und Selbstreflexives aus, dagegen ist nichts zu sagen, sonst hätte sie ja auch nicht diese wärmende Wirkung. Aber vielleicht sind sie überhaupt nur dieser wärmenden Wirkung wegen da! Sie dienen einfach besser als alles andere der Beruhigung:

als vermeintlicher Beweis unserer Vernunft, die gesiegt hat und unseres zivilisatorischen Fortschritts. Deutschland ist ja voll mit solchen Beruhigungsplaketten.

Ein erneutes Lachen. Müder jetzt, mit weniger Kraft. Ich widerspreche. Ich bin trotzdem froh, dass es diese Schilder gibt. Denn es ist keine Alternative, *keine* Schilder mehr aufzustellen und *nicht* mehr zu gedenken, aus Furcht vor Vereinnahmung. In Polen findet das Gedenken an jüdisches Leben seit 1990 statt, die polnische Schriftstellerin Hanna Krall berichtet davon, wie jüdisches Leben und Erinnern in Polen vor 1990 von sowjetischer Seite unterdrückt wurde. Es geht hier darum, dass überhaupt wieder etwas erwachen darf, weshalb sollte das von der Stadt nicht unterstützt werden?

Das Gute hat gesiegt, besonders 1990! *Davon* zeugen die Schilder. Meckert es im Kopf immer weiter. Wie Pokale! Als wäre etwas für immer entschieden, selbstgewiss, mit Westgeld verifiziert, aber nichts, nichts! ist entschieden. Die Schilder besitzen längst nicht die Hoheit, die sie vorgeben. Sie sind keine Erinnerung. Sie sind bloß eine Hoffnung auf Erinnerung. Sie müssen sich jeden Tag gegen einen faschistischen Blick neu behaupten.

Nach meinem Besuch auf dem Friedhof bringe ich den Schlüssel zurück in die Altstadt. Ich habe nicht gemerkt, wie die Stunden vergangen sind. Es beginnt schon zu dämmern. Ich laufe eine Runde nach der andern über den Marktplatz und gehe jedes weitere Mal an der Tür vorüber, ohne den Schlüssel auszuhändigen. Den einen Friedhof schließt man auf und wieder zu, und den anderen? Über den jüdischen Friedhof wanderte ich wie durch einen Wald von Grabsteinen und durch die Stadt irre ich wie durch eine abgeholzte Schneise. Die Straßen sind leer, bis auf ein paar Männer in Kapuzenpullovern, geduckte Gestalten, halbe Geister, umherirrende Sträucher mit unruhig flackernden Augen. Ich ziehe meine Kreise. Es gibt nicht nur Vornübergebeugte, sondern auch solche mit geschwollener Brust, die blicke ich von Nahem

gar nicht an. Den Schlüssel zum Friedhof muss ich abgeben, denke ich, warum tue ich es nicht? Warum trage ich den Schlüssel zum Friedhof in meiner Tasche, was will ich noch mit diesem Schlüssel, und was ist das für ein weit ausgedehnter Friedhof, über den ich nun gehe? Die Stadt – dieser Friedhof ist viel größer und ohne Zaun, aber auch ohne Grabsteine – er ist verwaister, ohne die sorgsam eingemeißelten Namen. Familie Betrübniss, Familie Ratlos, Familie Angst und Bange, sie alle liegen auf dem jüdischen Friedhof von Tarnów und ziehen und zupfen dich am Ärmel:

Halt! Warte. Mein Name ist Sturmwind,
ich war ein koscherer Schlachter vor dem Krieg
Halt an und schau hin. Hier liegt Herman Zorn
gest. am 16.3.1928
Halt inne und lies das, hier liegt nämlich
Ryfka Innern
und daneben
Mechl Blecheisen
Mates Sturm geb 1852 gest 1928
Bresla Leib 1911–1927
Fradl Spielvogel 1873–1926
Feige Schenker Geboren 1857 Gestorben 1927
Liebe Leschkowitz GEST. AM 1926
Regina Wald geb. 1901 gest. 9/8 1926
Lea Fertig gest. 5/8 1925
Sosche Arimovicz gest. 15/1 1921
Pepi Schneider
Anna Guttenberg 1900–1928
Hier ruht ALTE GITEL GRÜNBERG
GEB. 1856 GEST. 1928
Tief betrauert von ihren Kinder und Enkel
Blima Korn
Lea Rosenbluth
Menek Schwimmer 1911–1934

und etwa 4.000 Namen mehr, einige in einem Deutsch verfasst, das mir angenehm ist, weil fremd und rätselhaft, in einer eigensinnigen Grammatik: Das Deutsche

rührt hier noch von den assimilierten preußisch-galizischen Juden der Felix Austria.

Im Centrum Kultury frage ich nach Veranstaltungen, einem Konzert vielleicht, egal, welche Richtung, ich habe Sehnsucht nach Musik, dringend wirklich, egal was. Kopfschütteln. Nichts? Niestety.

Was mache ich nur hier? Was fängt man an in einer Stadt, die ein einziger Friedhof ist?

Chantal Akermans Großmutter, Sidonie Ehrenberg, wurde 1905 in Tarnów als Kind jüdischer Eltern geboren. Ihr Vater verschaffte ihr Kontakt zu einem Kunstprofessor, bei dem sie Zeichenunterricht nehmen konnte. Dies deutete Chantal Akermans Mutter als Zeichen der modernen Einstellung bei ihrem Großvater. Seiner Aufgeschlossenheit waren jedoch kulturell enge Grenzen gesetzt. Sidonie Ehrenberg wollte Künstlerin werden, doch die Konvention sah vor, dass sie jung, das heißt mit 15, verheiratet wurde. Die Heirat wurde arrangiert mit der Familie des örtlichen Kantors Leibel. Sidonie Leibel, geborene Ehrenberg, bekam drei Töchter, eine davon Chantals Mutter Natalja, die 1928 in Tarnów zur Welt kam. Zehn Jahre später, noch vor Kriegsbeginn, verließ die Familie Polen und emigrierte nach Brüssel, wo Natalja nach Kriegsende ihren späteren Ehemann Jakob Akerman kennenlernen sollte, der aus Kazimierz, dem jüdischen Viertel Krakaus stammte. Er hatte den Holocaust in einem Versteck in Brüssel überlebt, sie in Auschwitz.

Chantal Akerman spricht in einem Text von den Anfängen ihres Filmschaffens, von ihrem ersten Film SAUTE MA VILLE und in diesem Kontext, ohne weitere Überleitung, spricht sie vom Tagebuch ihrer Großmutter Sidonie aus dem Jahr 1920 in Tarnów. Das Tagebuch beginnt mit den Worten der 15-Jährigen: Ich bin eine Frau! Ich kann also nicht alle meine Wünsche und Gedanken laut aussprechen. Ich darf nur im Stillen leiden. Die Erinnerung

an ihren ersten Film führt Chantal Akerman geradewegs zur Erinnerung an die Großmutter aus Galizien, die anders als ihre Tochter das Lager nicht überlebt hat.

Erinnerungen, Tagebücher und Briefe ziehen sich durch Chantal Akermans gesamtes filmisches Werk. Bevor sie am Ende von SAUTE MA VILLE den Gasherd aufdreht, verbrennt sie den Brief, den sie zu Beginn des Films aus dem Briefkasten geholt hat. Die Flamme entzündet den Knall am Herd, mit dem brennenden Brief und dem Gas sprengt sie sich, das Haus und, wie der Titel behauptet, sogar die ganze Stadt in die Luft.

Nun ist das Verstörende an dem Film gerade die sprühende Energie der 18-jährigen Chantal Akerman, die das Ritual und die Ordnung, Unterordnung, durchexerziert, mit einer Lust, die paradox erscheint vor dem Hintergrund des aufgedrehten Gashahns am Ende.

Von dieser Paradoxie sprach die Pariser Rabbinerin Delphine Horvilleur bei ihrer Totenrede auf Chantal Akerman im Oktober 2015. In den Augen der Rabbinerin befruchten sich Tod und Leben viel mehr, als dass sie sich ausschließen. Das eine wird vom anderen in der jüdischen Tradition weniger strikt getrennt als im säkularen Westen. Die hebräische Bezeichnung für Friedhof lautet übersetzt: Haus der Lebenden. Mit Blick auf Chantal Akerman sagte sie, dass es Menschen gebe, die keine Friedhöfe bräuchten, um die Nähe zum Tod zu spüren, da sie ihn ohnehin seit ihrer Geburt in sich trügen. Das Lebendige und das Tote befänden sich im Herzen dieser Menschen in einem nicht aufzulösenden Dialog.

Es wäre also fatal, wollte ich Chantal Akermans Ausgelassenheit in SAUTE MA VILLE allein auf das Ende am Gasherd hin lesen. Ihr Gesang scheint dem zu trotzen. Es gibt zwar keinen Ausweg. Aber es gibt Lieder, die gibt es. Es gibt Gesang, Gesumm, das von Freude kündet und Freude macht, bei mir, die zusieht, und ganz offenkundig auch bei ihr, die spielt und es zelebriert. Es gibt einen hüpfenden Körper, der vor Freude fast zerspringt. Und der sich mit dem Tod unterhält, das auch, der aber

nicht der Tod *ist*. Der lebendige Körper ist nicht das Gleiche wie der Tod, der ihn heimsucht. Er verständigt sich mit dem Tod, er ist sein Gegenüber. In SAUTE MA VILLE führt der lebendige Teil derselben Person, die sich selbst gleich in die Luft jagt, ein derart mystisches Eigenleben, dass sogar nach dem großen Knall über dem Gasherd im Dunkeln der fröhliche Gesang von Neuem erklingt.

Chantal Akerman kommt ins Bild:
Lustig und schön, verfressen und anmutig, charmant und spröde, ironisch und durchlässig, sie sprengt nicht nur ein Zimmer in die Luft, sondern jede konventionelle Vorstellung, die von einer Frau jemals kursierte. Ihre Clown-Schönheit ist ohne Vorbild, oder man kennt es nicht, wie es bei Frauen stets sein kann: Man weiß um ihr Beispiel nicht. Und nicht irgendein Zimmer sprengt sie in die Luft, sondern die Küche, den Hort der Mütter und Töchter, im früheren Sztetl und überall auf der Welt.

Und wie sich die junge Frau an diesem konventionellen Frauen-Ort verhält, hat die Küche noch nicht gesehen: die ungehemmten Gesten und Schritte, die Persiflage eines Chansons, die von einem Moment zum nächsten in ein sakrales Klagelied zu kippen droht, mit aller Inbrunst und Selbstvergessenheit; es ist ein innerer Drang zur Unordnung, der den Film vorschreibt und die Wucht erzeugt, mit der sie den Inhalt des Küchenschranks auf den Fußboden entlädt und alles wahllos zu Boden sausen lässt. Die ernste und nachdenkliche Miene dabei zeigt, dass es Konzentration erfordert und Arbeit, dem unbändigen Drang, Unordnung zu schaffen, nachzugehen, die Dinge alle von ihrem blöden angestammten Platz zu räumen, Putzmittel mitsamt Verpackung in den schäumenden Eimer zu kippen und wiederum alles in einer Überschwemmung auf den Boden zu schütten, wobei der Wischer vom Wischstab abfällt, was die bekopftuchte Chantal Akerman veran-

lasst, mit dem blanken Besenstiel den Schrubber zu schrubben. Sie tut dies alles manisch und zugleich in größter Freiheit und Komik – jetzt sieht sie dem Schwall Wasser aus dem Spülschlauch unerschrocken ins Auge, und ich frage mich: Wer spielt wem einen Streich, das Haushaltsgerät Chantal Akerman oder Chantal Akerman dem Gerät? Die Dinge sind ihre Spielgefährten, bis zum Schluss, die Schuhcreme färbt ihr die Beine schwarz, ein polnisches Kopftuch und eine schwarze Kunstlederjacke dienen als osteuropäisches Outfit, und ein Summen – ich will schon sagen, tief aus dem Osten, aber das stimmt nicht – dringt aus ihrer Kehle, wird zum heulenden Wind und ist dann still. Nachdem der Ton streckenweise während der Putzsequenz gänzlich rausgenommen ist und man keinen Raum mehr hört, nur Stille und höchstens vereinzelt gedämpfte oder isolierte Geräusche vom umfallenden Eimer, scheppernden Dingen, dem bürstenden Geräusch beim Schuheputzen ... Dazwischen immer wieder diese alles schluckende Stille. Dann ist das Putzen beendet, Kopftuch und Jacke, Verkleidung wieder abgelegt, sie selbst lehnt sich an die Heizung am Boden, ruht aus, da setzt die Melodie wieder ein, ein Kantor singt sie, eine Variation der Melodie, die wir schon gehört haben, ein klagender Gesang, ein frommer Jude singt sie und ein vergnügtes Mädchen mit Bommelmütze.

Ich bin in Tarnów, der Stadt, in der Sidonie Ehrenberg als junges Mädchen gemalt und gezeichnet hat, und als ich auf dem Weg zum Hotel an der städtischen Galerie für zeitgenössische Kunst vorbeikomme, gehe ich auf einen Sprung hinein und besuche die aktuelle Ausstellung von Tarnówer Designstudent·innen.

Nicht ein einziges Objekt zieht mich an, die Dinge haben keine Augen oder ich nicht, keine für sie. Ich will schon enttäuscht meinen Mantel nehmen, da bemerke ich eher zufällig in der hinteren Ecke der ersten Etage auf der Rückseite einer Ausstellungswand die vergessenen

Bilder von Kindern, übriggeblieben oder vielleicht warten sie dort beiseite geräumt auch nur darauf, abgeholt zu werden von den Kindern, sie stammen ganz offensichtlich von einem kunstpädagogischen Projekt in diesen Räumen. Tarnówer Stadtansichten aus Kinderperspektive.

Ein Bild ist überschrieben mit »Czarno-Zielony« (Schwarz-Grün) und zeigt einen mit grünem Filzstift gezeichneten Kopf mit spitzem Hütchen, runden Ohren, wilden Kringeln als Augen und einem großen grinsenden Mund unter dem schwarzen kreisrunden Tuschefleck von Nase. Das fröhlich und ein bisschen überdreht wirkende Gesicht sitzt ohne Hals auf einem schwarz getuschten breiten Viereck. Ein Kasten von Mensch, der Körper eine Panzerfaust, stämmige schwarze Balken gehen als Beine in gerader Verlängerung von dem Viereck ab. Dieser Körper ist ein einbruchssicherer Schrank, ein schwarzer Tresor, aus dem oben ein grüner Tierkopf herausguckt, mit menschlichem Antlitz, das mir im einen Moment vergnügt, im andern schadenfroh erscheint.

Ein anderes Bild ohne Titel zeigt eine blau-grau verregnete Himmel- und Hügellandschaft, wobei gleich auffällt, dass die Wolken die gleichen Formen haben wie die Hügel und der Regen mit den gleichen Strichen gemalt ist wie das ebenfalls grau-blaue Gras. Wüsste man nicht, dass das eine oben, das andere unten ist, Himmel und Erde wären austauschbar.

Ich verlasse die Galerie und mache mich auf den Weg ins Hotel. Vom nahegelegenen Park sind grölende Männerstimmen zu hören, ein Teenagerpärchen mit Chipstüte in der Hand kreuzt meinen Weg, danach niemand mehr, die Straßen früh am Samstagabend sind menschenleer, eine Geisterstadt. Was für ein häufig gehörtes und selten gebrauchtes Wort, das sich hier sofort mit Namen auflädt, Leibel, Betrübniss, Akerman.
Und ich schau in die Dunkelheit des Strzeleckiparks und denke: Das ist die Umgebung Tarnóws, in der der Himmel grau ist und die Erde wie der Himmel regennass und blau:

Hier gibt es mit blauem Gras bewachsene Hügel, auf denen schwarz-grüne Bewohner schadenfroh-vergnügt hausen.

Und plötzlich beginnt die Arbeit zu stocken. Mittendrin, und alle versammelten Stimmen, das ganze Orchester meiner Fantasie kommt zusammen und fragt sich verstört, woran es liegt.

Ist es nicht sinnlos, eine Erzählung setzen zu wollen wider die Verfasstheit der Welt, wider besseres Wissen? Eine Frau erhält selten die gleiche Anerkennung wie ein Mann. *Sie war leider eine Frau*,

ich habe mich so an diese Beleidigung gewöhnt, dass ich sie verschlucke. Und einen Tag später wird mir schlecht. Wie neulich bei Dussmann, als ich in einem Anfall von Kampfeslust fragte: Warum zur Hölle habt ihr keine Filme von Chantal Akerman!? Und die kleine zierliche Frau um die vierzig mit orangegefärbten Haaren und etwas überdrüssigen Gesichtszügen meinen Blick nur spröde erwiderte. Nachdem sie mich so lange stumm angesehen hatte, bis ich entwaffnet war, erhielt ich die Antwort:

Chantal Akerman ist ne Frau. Kannste vergessen.

Die Frau zuckt die Schultern.

Ich, auf einen Schlag wieder außer mir, ich lache:
Was – vergessen?!

Na, für weibliche Regisseure gibt's kein Interesse, bei den Kunden nicht, aber auch nicht bei den Produktmanagern.

Verblüfft von dieser Ehrlichkeit sehe ich sie schweigend an und frage dann in einem letzten Aufbäumen: Wie soll sich denn daran etwas ändern, wenn es die Filme überhaupt nicht zu kaufen gibt? Worauf sie kaltschnäuzig wie zuvor erwidert: Daran wird sich auch nichts ändern. Die Produktmanager, die Verleiher sind doch alles Männer, woher soll da plötzlich das Interesse kommen? Und, tut mir leid, aber in Frankreich sieht's gerade auch nicht besser aus.

Ich nicke. Dann schüttele ich den Kopf. Und verlasse das Geschäft.

Chantal Akerman hat sich des Öfteren zum »phallischen Kunstmarkt« geäußert. Der Phallus, sagte sie einmal, diene dem Geld, das Geld dem Machterhalt, die Macht wieder dem Phallus, so laufe es hermetisch und ohne Begegnung mit ihr im Kreis.

Komm, komm zurück nach Tarnów.

Ja.

Siehst du die Florfliege an der Wand? Nimm sie auf für mich, geh nah ran, so nah du kannst, ich will das Gold der Augen sehen.

Aber wie kommen jetzt die ganzen Insekten ins Hotelzimmer?

Ich habe das Fenster aufgemacht,
ich konnte nicht schlafen.

Aber trotzdem, es ist November, da ist die nächtliche Luft normalerweise nicht mit Faltern und Mücken angefüllt.

Normalerweise. Was ist schon normal?
Eine Sommernacht mitten im November in Tarnów,
mir ist es recht, sie kommen hereingekrochen, eine nach der andern und ganz ohne Mühe durchs Insektengitter, weil sie im Winter schlanker sind: Mücken, Stubenfliegen, Falter und Florfliege, auch Goldauge genannt, das mit langen grünen Antennen zitternd über die weiße Strukturtapete tastet, dann unter Zuhilfenahme der langen Netzflügel sich abstößt, im Sturzflug auf die Nachttischlampe zu, und knapp darunter auf dem Chantal-Akerman-Buch landet. Guter Treffer, Goldauge.

Vielleicht sollten wir ab jetzt einfach mehr mit Texttafeln arbeiten, kommt es versöhnlich aus der Tiefe des Raums.

Meinst du?

Ja, das ist besser, sicher! Lass uns das Buch wie einen Stummfilm aufbauen, hier und da Texttafeln einblenden, aber nicht zu viel erklären.

Zu viel? Soll das ein Witz sein?

Nein. (Beleidigtes Schweigen.)

Das heißt, wir machen weiter?

Sicher. Bis der letzte Cent verbraucht ist.

Ah, du brauchst Geld?

Nein, also natürlich, aber ich wollte damit nur sagen, dass ich für alles bereit bin und bis es nicht mehr geht und darüber hinaus. Und außerdem bin ich der Meinung, dass es nicht nur möglich, sondern sogar notwendig ist wider die Verfasstheit der Welt, wie du es nanntest, eine andere Erzählung zu setzen. Und die Zweifel gehören dazu! Ich habe neulich in einer Ausstellung mit einem meterlangen Walfisch aus weißen Frotteehandtüchern den Satz gelesen: Unsicherheit ist kein Grund für Rückzug. An den Satz habe ich immerzu denken müssen und zuletzt heute, als wir drauf und dran waren alles hinzuschmeißen.

Ja, ein schöner Satz.

Und die Zweifel, meinst du, sie kommen wieder?

Sie holen uns nochmal ein?

Ohne Zweifel, da kann man nichts machen.

Wann?

Wieso fragst du, wann, das kann man nicht wissen. Hast du solche Angst vor ihnen?

Ja.

Außen. Nacht. Auf weitem Feld ein paar einsam stehende Wohnwagen und Bungalows. Hohe Bäume.

Der Morgen zieht unter Wellen herauf: aufgepeitschtes dunkelblaues Himmelmeer mit hellgrauer Gischt aus Licht und zerrupften Wolken.

Eine Krähenkolonie durchschneidet lärmend im Halbkreis den Himmel und lässt sich schließlich weit verstreut auf dem Tarnówer Campingplatz nieder. Unter ihren krächzenden Mitteilungen schlafe ich ein.

NEWS FROM HOME

(1976)

KAPITEL II

Produktionsgesellschaft: UNITÉ TROIS (Paris), INSTITUT NATIONAL DE L'AUDIOVISUEL (Paris), PARADISE FILMS (Brüssel)

Drehbuch: CHANTAL AKERMAN

Produzent: ALAN DAHAN

Kamera: BABETTE MANGOLTE, JIM ASBELL

Schnitt: FRANCINE SANDBERG

Darstellerin: CHANTAL AKERMAN (Erzählerin)

16 MM, FARBE, 85 MIN

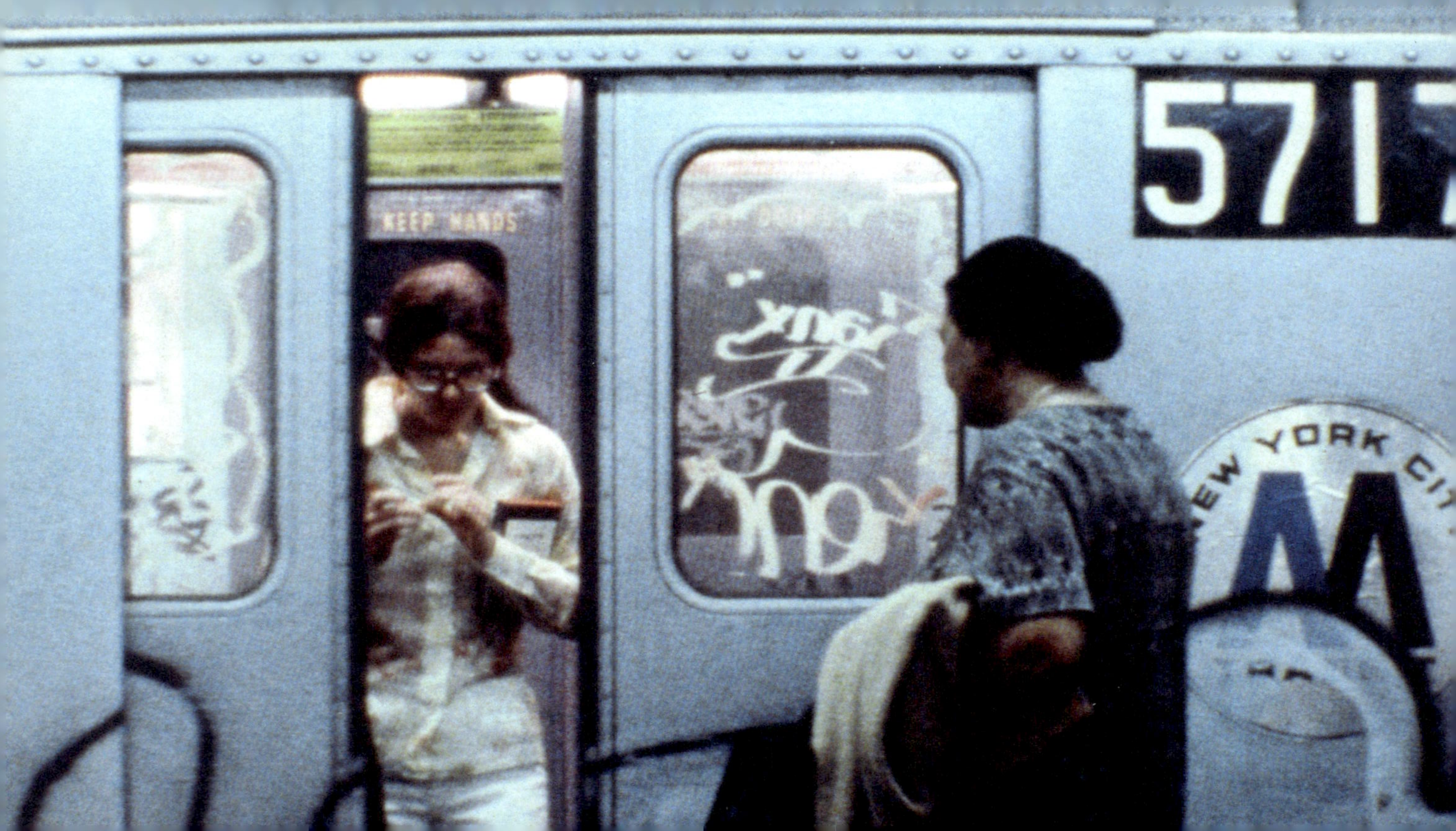
571
KEEP HANDS
NEW YORK CITY

Sie bereiste New York zum ersten Mal 1971. Im Lauf der 1970er Jahre verlagerte sie immer wieder ihren Wohnsitz nach New York, um dort im Kreis der experimentellen Filmemacher Michael Snow, Jonas Mekas und Babette Mangolte zu arbeiten. Einmal, so schildert es ihre Mutter Natalja in einem Interview, reiste Chantal direkt und ohne Vorankündigung von einer Israelreise weiter nach New York und blieb einfach dort, mit 21. Die Mutter lacht und fragt im Interview Jahrzehnte später:
Was hätte ich denn tun sollen? Mir blieb ja nichts anderes übrig, als dir jeden Tag zu schreiben!

Von diesen Briefen handelt Chantal Akermans Film NEWS FROM HOME von 1976. Es sind mütterliche Briefe, die die Tochter über alle möglichen familiären Angelegenheiten informieren, wie es Chantals kleiner Schwester geht, wie es dem Vater geht, wie es anderen Verwandten geht, was man sich dort so über New York erzählt (wie gefährlich und furchtbar es sein soll), wie das Geschäft läuft, und schließlich, wie es um sie selbst gerade steht, nämlich meist nicht so blendend, da Chantal ihr so selten schreibe und es ihr, der Mutter, nicht gut tue, wenn sie eine Woche lang so gar nichts von der Tochter höre, oder manchmal die Briefe von ihr schlichtweg zu kurz seien, was sie auch bekümmere, weil sie dann aus ihnen gar nichts richtig erfahren könne, und worauf Chantal bitte achten solle, dass die Briefe doch eine gewisse Länge haben sollten.

Solche Briefe, Dutzende, liest Chantal Akerman in NEWS FROM HOME vor verschiedenen Ansichten der Stadt, untypischen Ansichten von New York.
Da ist zum Beispiel eine Straße so leer wie in Tarnów.

Ein Hafengelände.
Drei junge Leute, die aus einer Straßenflucht kommen und Kisten schleppen.
Etliche Sequenzen werden auf U-Bahnhöfen oder Unterführungen oder in fahrenden Wagen aufgenommen.

Die Passanten und Fahrgäste schauen in die Kamera, erwidern den Kamerablick, freundlich, neugierig, missbilligend, verunsichert oder in betonter Gleichgültigkeit. Der Film ist das Gegenstück zum geschlossenen Topos des Zimmers, in das sich eine junge Frau zurückzieht (nach SAUTE MA VILLE auch in JE TU IL ELLE) – des Zimmers als Gefängnis und Einschluss in den eigenen Körper und die eigene Geschichte: Aus beiden gibt es kein Entrinnen. In beiden steckt man erstmal fest und kommt nicht heraus. Wenn Chantal Akerman in ihren frühen Filmen eine junge Frau spielt, die ihr Zimmer nicht mehr verlässt, exerziert sie diese Gefangenschaft und treibt die Erforschung ihrer Körper- und Geschichtsgefangenschaft bis ins Extrem. Und hier nun mit dem New-York-Film praktiziert sie das genaue Gegenteil: geht auf die Straße, an öffentliche Plätze, belebte Straßenkreuzungen, volle U-Bahn-Wagen und lässt die Kamera alles aufsaugen, jenes Draußen, jene Anderen, alle. Alle, die gerade da sind, werden aufgenommen. Alles ist gut, alles ist schön, alles ist interessant im gewählten Ausschnitt. Unter dem wunderbar pulsierenden Tableau dieser Menschen auf ihren Arbeitswegen und alltäglichen Schritten erklingt Chantal Akermans Stimme aus dem Off und mit ihrer Stimme auch die Briefe ihrer Mutter, die um Alltäglichkeiten kreisen und doch eine fundamentale Sehnsucht nach Nähe zum Ausdruck bringen. Sie liest die Briefe psalmodierend und monoton, die Sätze werden heruntergebetet, doch wie etwas Heiliges, das einem allzu vertraut ist, mit einer gewissen Müdigkeit in der jungen Stimme, fast wie im Schlaf, sakral und profan zugleich. Zügig und leise werden die Worte hingeworfen, so leise oft, dass sie von den Straßengeräuschen übertönt werden.

Der Film beginnt am Hafen. Es ist Sommer. Zwischen den hohen Industriegebäuden sehen wir schmale Streifen grellen Himmels. Drei Leute, die Kisten schleppen. Die Stimme aus dem Off:

Ma chère petite fille.

Den ersten Brief schreibt die Mutter an ihrem eigenen Geburtstag, sie schreibt sich selbst einen Geburtstagsbrief an die Tochter: Heute ist mein Geburtstag, und ich bin traurig.

Im Vorfeld der Reise habe ich mich besonders darauf gefreut, NEWS FROM HOME nochmal zu gucken. Ich habe mich gefreut, von Tarnów aus auf New York zu schauen, das für mich ebenso fremd ist.

Zur Vorbereitung unternehme ich einen Stadtrundgang, möchte Bilder und Eindrücke aufnehmen und Stimmungen aufsaugen. Nimm die Kamera und mach die Blende auf, dies wird ein Tag der Außenaufnahmen, der fremden Gesichter, der Straßen, der Passanten und Ausflügler.

Bei leichtem Regen geht es zunächst durch den leeren Strzeleckipark, Richtung Stadtzentrum.

Die Stadt ist wie ausgestorben. Schon wieder. Langsam gewöhnen sich meine Augen daran. Ob ich überhaupt noch jemandem begegnen werde?

Doch dann biege ich links auf die große ulica Mickiewicza und gerate unversehens in eine große Menschentraube, die mich in ihrer Mitte mitführt. Dutzende geschmückte Menschen, Familien, Frauen und Kinder in ihren besten Kleidern, ich sehe noch mehr aus ihrer Richtung kommen, ein nicht abreißender Zug, sehe wieder den hohen Glockenturm der Kathedrale am Markt – und höre ihn vor allem, hab ich die donnernden Glocken denn vorher nicht gehört? – und mache den alten Kirchturm, den feigen, den verzagten oder den unter all dem, was er gesehen hat, längst erblindeten Christusturm als Quell jenes Menschenstromes aus, von dem ich mich jetzt bereitwillig ein Stück weitertreiben lasse, bevor ich den Sprung heraus schaffe und vom Ufer her noch ein bisschen dem Plätschern zusehe. Das Gewitter des Kirchturms will nicht enden, wie es scheint. Ich halte mir die Ohren zu, es ist mir zu laut, und von den Vorbeiziehenden sehe ich nur Kleider, Anzughosen,

erwische hier und da ein paar Bügelfalten und steife Hände, in Hosentaschen gesteckt, glänzende Schuhe der Kinder, Stiefelchen, kleine und große Fellmäntel. So viele Menschen auf einem Fleck habe ich seit Tagen nicht gesehen. So volle Straßen auch nicht. Ich bin überwältigt von dieser Sonntagsstimmung, die mich an Sonntage bei meinen Großeltern in Hessen erinnert, an den feierlichen Spaziergang zu zehnt oder mehr und an den Geruch vom Sonntagsbraten, der nach keinem Kirchbesuch fehlen durfte.

Die Glocken schwingen aus, und ihr Hall verebbt, bis der Turm ganz still ist und das gleichmäßige Rauschen der vorbeifahrenden Autos wieder in den Vordergrund tritt. Die letzten Kirchgänger haben sich am Ausgang bekreuzigt, und nur wenig später sind die Straßen wieder leer. Und es beginnt wieder zu regnen.

Ich frage am Museumseingang nach Ausstellungsstücken zum jüdischen Leben Tarnóws. Die Kassiererin, die zugleich die Aufsicht hat, führt mich freundlich vor eine Vitrine, in der zwei Chanukkaleuchter, drei Thora-Rollen, das große Schlachtermesser eines Schächters und eine Urkunde aus dem Jahr 1667 über die Bürgerrechte für Tarnówer Juden liegen.

Das ist alles?, frage ich. Die Frau nickt, ihr Blick ist offen und zuvorkommend. Sie bemerkt meine Enttäuschung. Das ist alles, was von 500 Jahren jüdischen Lebens in Tarnów geblieben ist? Sie nickt, zuckt bekümmert mit den Schultern, sie würde mir gern mehr bieten. Ich schaue mich weiter zwischen den Exponaten um und sehe, dass es sich jenseits der Vitrine mit den jüdischen Fundstücken in diesem Raum vor allem um Knochen aus der Steinzeit, um Ahnentafeln Tarnówer Adelsgeschlechter, Schwerter und Degen handelt. Jüdisches Leben und Steinzeit in einem Raum. Unendliche Ferne drückt sich hier aus. In anderen Räumen des Museums Sammlungen von Jagdwaffen, Armbrüste, Jagdhörner, Gewehre in allen Größen, Sammlungen von königlichem Porzellan, Kristallglas, Schmuckstücke.

40.000 Menschen aus Tarnów und Umgebung wurden innerhalb kurzer Zeit ermordet. Was geschah mit ihren Habseligkeiten? Befinden sich die Dinge, die ich im Museum nicht finde, als geraubte Familienerbstücke in trauten Wohnzimmerschränken in Gelsenkirchen, Berlin, Memmingen? Oder hat sich auch die andere Hälfte der Stadt an den Hinterlassenschaften der ermordeten Hälfte bereichert, und rührt auch daher ihr Schweigen um deren gewalttätiges Verschwinden? Adam Bartosz, der langjährige Direktor des Museums, stellt diese Vermutung auf.

In seinem Essay »What happened to Tarnóws Jews?« geht er der Frage nach, wie die katholische Bevölkerung Tarnóws darauf reagierte, dass die Stadt innerhalb von nur anderthalb Jahren in vier sogenannten »Aktionen« der Hälfte ihrer Einwohnerschaft beraubt worden ist. Nämlich ihrer anderen Hälfte. Die auf einen Schlag nicht mehr da war. Wo sie quasi immer da gewesen ist. Fast 500 Jahre lang und plötzlich nicht mehr. Und alle wussten, weshalb und auf welche Art, und fast niemand, so Bartosz, habe darüber gesprochen, stattdessen würde das polnisch-jüdische Zusammenleben im Rückblick geradezu verklärt und als harmonisches Zusammenleben zweier Kulturen beschrieben, er selbst habe jahrelang diese Auffassung vertreten, bis das Bild nach und nach durch Gespräche mit ehemaligen jüdischen Einwohner•innen Tarnóws gestört und korrigiert worden sei.

Da ist zum Beispiel die Erzählung vom Bild-Boykott: Katholische Schüler hätten sich Mitte der 1930er Jahre geweigert, gemeinsam mit einem jüdischen Lehrer auf dem Abschlussfoto zu erscheinen. Sie setzten durch, dass der Lehrer nicht mit aufs Bild kam, was zu spontanen Solidarisierungen unter jüdischen Schülern der Schule führte, die ihre eigene Aufnahme machten. Trennung der Bilder. Ein katholisches Abschlussfoto und ein jüdisches. Eine Fotografie als Anlass, um eine Trennung durchzuführen, Klarheit zu schaffen, etwas im Bild

zu bereinigen, was offenbar auch sonst störte. Bildlich festgehalten werden sollte es wenigstens nicht, dieses als falsch empfundene Nebeneinander, Miteinander.

Bereits niedergeschlagen und, ohne es mir eingestehen zu wollen, mit wachsendem Unmut, begebe ich mich ins ehemalige jüdische Viertel. Die polnischen Familien, die heute die alten jüdischen Häuser bewohnen, wie leben sie mit der Erinnerung und dieser Kluft? Wie leben sie mit den Spuren einer jahrhundertelangen Tradition, die in diesen Mauern zu Hause war? Und wo sind sie überhaupt, die neuen Bewohner•innen dieses Viertels, warum sind die Straßen schon wieder so leer? Wohnt jemand hinter diesen Mauern, oder ist hier nur Ödnis und Verlassenheit? Gardinen und Blumenkästen an den Fenstern und die Autos vor den Häusern zeugen von Leben. Könnten aber genauso gut Attrappen sein von Leben. Ich sehe niemanden.

(Doch, eine von Alter kahlköpfige Gestalt am Fenster der Erdgeschosswohnung, mit großen schwarzen Augen, hat die Gardine jetzt ein Stück zur Seite gezogen, wir sehen uns an, die Gestalt lässt die Gardine wieder zurückschnellen, betrachtet mich durch das gehäkelte Muster ihrer Gardine, bleibt als Schraffur dahinter.)

Ich erreiche die Mikva, das ehemalige jüdische Bad, das, wie es auf der Tafel heißt, im maurischen Stil erbaut und 1904 eröffnet wurde. Das Gebäude ist ein bisschen heruntergekommen, es sieht verlassen aus, obwohl es das nicht ist. Aber wie ein Kind auf einen Schlag verwaist und nachher von der Stiefmutter zu unwürdigen Arbeiten verdonnert: Große Geschäftsschilder am Eingang werben für einen Kosmetiksalon und ein Restaurant. Ich gehe um das Gebäude herum, an der Rückseite kommt ein lieblos hingezimmerter Bretterverschlag zum Vorschein, lang und flach wie ein Eisenbahnwaggon, oben drüber steht »Balkan Grill«. Der Hintereingang zum Gebäude der alten Mikvah steht

offen. Daneben hockt eine Kellnerin in einer Coca-Cola-Schürze, lehnt mit dem Rücken an der Wand und raucht. Raucht und telefoniert. Sie ist noch jung, Mitte oder Ende zwanzig höchstens, sieht aber trotz der Jugend elend, erschöpft und fertig aus. Harte, frustrierte Züge um Mund und Augen. Die dunkelbraunen Haare sind zu einem glatten Zopf nach hinten gezogen, die Augen und Augenbrauen schwarz geschminkt. Sie spricht einzelne Wörter ins Telefon, Fragewörter, hört zu, unterbricht wieder mit einer unruhigen Frage, einem einzelnen Wort, das wie eine strenge Forderung ihres Herzens klingt. Ungehalten, zornig. Ihr Rücken wippt dabei vor und zurück, vielleicht vor Kälte, vielleicht vor Erregung, lässt den Rücken in heftiger werdenden Stößen gegen die Mauer fallen und federt wieder vor. Das Ganze wiederholt sich, scheint keinen Anfang und kein Ende zu haben, sie raucht, stößt ihre wütenden Frageworte hervor und wippt mit dem Oberkörper vor und zurück. Sie nimmt mich aus den Augenwinkeln wahr und beachtet mich nicht weiter. Ich betrete das alte jüdische Bad und stutze, denn der Boden ist gekachelt. Hellgraue Kacheln mit diagonal gezogenen Rillen, wie man sie halt in Schwimmbädern findet. Manche sind gesprungen, andere an den Ecken abgebrochen, aber im Ganzen taugen sie noch als Fußboden des Eingangsbereichs, der Treppe, des Restaurants. Sie sind schmucklos und grau und stammen ganz sicher nicht aus der Zeit des jüdischen Bades. Ich bin verwirrt. Die Wände sind dunkelrot tapeziert, der Kosmetiksalon im Erdgeschoss ist verschlossen, da Sonntag ist, ein schiefer vierarmiger Leuchter hängt an der Decke der Eingangshalle mit nur einer Glühlampe darin. Die gekachelte Schwimmbadtreppe führt zu dem Restaurant, in dem die rauchende Kellnerin von unten vermutlich arbeitet. Oben angekommen führen zwei Räume ab, rechts der Festsaal, der auch zur Vermietung angeboten wird, links das Restaurant mit greller Beleuchtung, einem Flachbildfernseher unter der Decke sowie einer einzelnen Frau,

die vor ihrer Cola sitzt und auf ihrem Handy herumtippt. Ich betrete den Festsaal, der im Halbdunkel liegt und gerade von einer Kellnerin mit einem Stoß Servietten auf dem Arm hergerichtet wird. Ich weiß nicht, ob das beabsichtigt ist, aber der dunkle Teppich unterstreicht noch die Traurigkeit und Würde dieses Raums: Da ist die verspielte Form der alten Fenster (wie menschengroße Figuren eines Brettspiels, kreisrunde Ausschnitte auf dreieckiger Form), da sind die feierlich weiß gedeckten Tische (Für eine Verlobungsfeier, die hier am Nachmittag stattfindet? Einen sechzigsten Geburtstag? Eine Trauerfeier vielleicht?), und da ist die hufeisenförmige Anordnung der Tische in einer räumlichen Flucht auf die Fenster hin. Der Anblick rührt mich und stößt mich ab. Ich gehe raus.

An der Nordseite der Mikvah befindet sich eine dritte Tür, durch die man das Gebäude betreten kann. Hier ist der Eingang zu einem Club. Ein schwarzer Stier auf rotem Grund flattert als Banner über den Treppen, links des Eingangs hängt ein Glaskasten:
Girls Oasis @ Wall Street Bull Dance Club.

Als ich ins Hotel zurückkomme, um endlich NEWS FROM HOME zu sehen, ist meine Vorfreude komplett einer diffusen Unlust gewichen. Ich schalte den Film dennoch an, aber wie zu erwarten wachsen nur meine Konfusion und Verärgerung. Wie groß war die Neugier, von Tarnów aus nach New York zu schauen, und wie bedrückend das Erlebnis jetzt: Ich sehe nichts!

Das sommerliche New York der 1970er erscheint mir von Tarnów aus wie ein ferner Planet, das lebendige Treiben dort wie ein Märchen, das sich die Leute an einem Ort der Ödnis erzählen, um diese Ödnis anhand des glänzenden Gegenbeispiels in ihrer ganzen Trostlosigkeit zu zeigen, etwas ironisch, doch vor allem larmoyant. Was ist das für ein Märchen oder ein Traum namens New York – in Tarnów?

Mein Blick versucht sich an etwas zu klammern, aber alles entschwindet. Gerade will ich mich an das mürrische Gesicht eines älteren Mannes im Waggon heften oder an die Kleidung und Körperhaltung der am Bahnsteig wartenden schwarzen Frau, da ist es schon wieder fort. Ein Sog von Kommen und Gehen und Ausschnitten, die sich an keiner Stelle komplettieren lassen. Ein Innehalten gibt es nicht. Was mich vor einem Jahr beim erstmaligen Gucken fasziniert und angezogen hat, macht mich in Tarnów nur hochnervös. Mit wachsender Unruhe folge ich einem Bild nach dem anderen und finde keinen Halt. Ich weiß nicht mehr, warum ich ihn ausgewählt habe. Was suche ich nur in diesem Film? (Und in dieser Stadt?) Alles entzieht sich.

Wo sind die Menschen von Tarnów? All jene, die *nicht* nach New York gegangen sind, in die Einwandererstadt schlechthin, also hier sein müssten, wo sind sie, die also in der Stadt der Auswanderer leben, ohne auszuwandern, wo sind sie? Heut früh in der Kirchc und jetzt in einem dubiosen Club im Erdgeschoss der alten Mikvah?

Leergefegte dunkle Straßen, tote Fenster, verlassene Wohnungen. Wo sind die hellen Abende? Wo sind die Menschen?

Wo ist die nächste Kneipe, und wo sind die Händler? Ich brauche Gesellschaft. Und geh raus.

(Es regnet in Strömen.)

Gleich neben dem Hotel ist ein Schwimmbad. Ich gehe am Abend also in das *neue* Bad, mit ähnlichen Kacheln ohne Rillen, einem Neubau mit viel Glas, ein *katholisches* Bad, denke ich finster, Trubel schon im Eingangsbereich, Familien, Pärchen, hier ist die Stadt am Sonntag also
zu finden, morgens vor der Kirche und abends im ausnahmslos hellhäutigen christlichen Spaßbad.

Mich hat nach dem New-York-Film eine solch starke Sehnsucht nach Menschenmengen an einem belebten Ort gepackt – jetzt sehe ich Menschen an einem belebten

Ort, und was ich sehe, stößt mich ab, warum weiß ich selbst nicht. Männer und Frauen erscheinen mir gleichermaßen überschminkt und versiegelt, die Männer mit dunklen Furchen, groben Zügen, sie haben finstere Augenbrauen aufgemalt, Muskelattrappen aufgeklebt, ich muss plötzlich wieder an die gestrige Tarnówer Kunstausstellung denken und an das schwarz-grüne Wesen mit dem wuchtigen, viereckigen und undurchdringlichen Leib auf der Kinderzeichnung.

Ich tauche unter, und alles ist weg. Bilder, Klänge und Konturen verwischen und erreichen mich nur noch gedämpft, die kraulenden Männer, die es aus irgendeinem Grund nicht schaffen, einen leichten Bogen um eine Frau zu schwimmen, sondern wie ein Motorboot über alles drüberbrettern, das Wasser dringt in die Ohren, und nichts ist mehr da.

Mit den Sinnen taucht auch mein deutsches Antlitz unter und schlägt an die blauen Kacheln des Beckens …

Krisengespräch unter Wasser.

Was?

Haben wir etwa schon wieder eine Krise?

Ja.

Ich hab nur schlechte Laune.

Du hast eine Abscheu gegen die Leute hier.

Das ist nur wegen meiner schlechten Laune.

Lüg mich nicht an.

Du findest diese Leute schrecklich, weil sie katholisch sind, weil sie weiß sind und weil die Frauen aussehen wie in Frauenzeitschriften und die Männer wie Männer.

Mit dem Aussehen hat es nichts zu tun.

Sondern?

Ich weiß nicht. Irgendwas erscheint mir vulgär.

Dass du nach der verlassenen Mikvah ein Spaßbad besuchst vielleicht.

Vielleicht.

Du kannst nicht die Tausende Vertriebenen und Ermordeten, die einstigen Besucher- und Besucherinnen der

Mikvah gegen Menschen aufführen, die heute hier leben.

Ich weiß. Verfluchte Denkgewohnheit, die immer Gegensätze sucht.

Westliche Denktradition.

Ja.

Als müsste zwangsläufig die eine Gruppe die andere ausschließen. Da sind wir wieder. Im Jahr '39.

Ich hab sie tatsächlich gegenübergestellt, die Fehlenden, die Abwesenden, und jene, die stattdessen da sind.

Was weißt du über die hier Anwesenden, außer dass einige der Frauen überschminkt sind, was, bei Licht betrachtet, auch Ansichtssache ist? Was weißt du von diesen Frauen und Männern, bei denen du aufgrund ihres Auftretens eine bestimmte Konvention vermuten kannst, traditionelle Geschlechterrollen und Familienbilder, aber selbst das ist nicht sicher: allein aufgrund des Äußeren? Das sind sehr spärliche Informationen. Und selbst wenn es bei einzelnen Personen gerechtfertigt wäre, Rückschlüsse von ihrem äußeren Auftreten auf ihre ideologische Verfasstheit zu ziehen, weißt du noch immer nicht, wie sie leben, was sie empfinden und denken und wie sie vor zehn oder 15 Jahren aussahen, sprich was ihre Geschichte ist.

Zurück im Hotelzimmer schaue ich NEWS FROM HOME nochmal an.

Vorhin konnte ich nicht folgen und nicht verstehen, weshalb Chantal Akerman nicht stärker eingreift, unseren Blick lenkt, anhält, fokussiert, jetzt erlebe ich genau das als befreiend.

Die Leute in der New Yorker U-Bahn sehen sich beobachtet. Sie nehmen die Kamera hin, wie die Kamera sie hinnimmt. Was für eine Gelassenheit der beiden Filmemacherinnen: Niemand wird angehalten, aufgehalten, angesprochen. Alle werden gelassen, die Leute, die sie filmen, werden eingelassen ins Bild und ebenso wieder herausgelassen. Dankbar registriere ich: Die Kamera

hält niemanden fest, sie enthält sich jeder Okkupation, Verfolgung. Abstand bedeutet hier nicht Desinteresse, sondern Respekt vor dem, was ich nicht weiß.

So wie ich auch erstmal nicht wissen kann und es aus dem Film nicht erfahre, was für eine Geschichte sich hinter den Briefzeilen Natalja Akermans an ihre Tochter verbirgt.

In der Nacht meine ich, Zeugin einer Überschwemmung zu werden, die die ganze Stadt mit sich fortspült. Ein Bach fließt über die Dachschräge, im Halbschlaf vernehme ich das Prasseln, das immer stärker wird, um sich bald darauf im eintönigen Rauschen eines Sturzbachs zu sammeln. Ein nasses Strömen, das nichts andres verheißt als: Überall ist Wasser, die Luft wird geflutet, der Boden erweicht. Halb im Schlaf denke ich, ich werde Tarnów für lange Zeit nicht verlassen können, der Bahnhof wird überspült sein, die Straßen zerstört, eine Sintflut. Als ich aufwache, ist der Himmel klar, die Sonne scheint, bevor ich mich darüber freue, bin ich verwundert: Warum nur habe ich in Tarnów eine Sintflut fantasiert? Einige nicht nennenswerte Pfützen auf den Straßen, mehr nicht, ein sonniger Morgen. Nach zwei Tagen kommt in Tarnów endlich die Sonne heraus, und sofort hellen sich auch die Gesichter auf.

Eine junge Frau auf dem Weg zum Bäcker, um die dreißig, mit langen knallrot gefärbten Haaren und einem beschwingten fröhlichen Schritt mit großen Stapfen sieht beim Vorübergehen in die Linse und lächelt breit übers ganze Gesicht. Ich denke über die unerklärliche Freude nach, mit der sich zwei Objektive (Linsen) manchmal geradewegs suchen, blindlings, als wären sie magnetisch.

Die Kamera ist das vergrößerte Auge. Das Auge ist zugleich das Gedächtnis. Der Kopf.

In einem Interview mit ihrer Kamerafrau Babette Mangolte sagt Chantal Akerman Jahrzehnte später über

ihren Film: C'était un certain New York. Qui n'existe plus. Es war ein ganz bestimmtes New York. Das nicht mehr existiert. Das es jetzt nicht mehr gibt.

Und mit diesen Worten sehe ich nochmal zurück, und mit einem Mal geht es doch um das Festhalten, allerdings im Sinne eines topografischen Gedächtnisses: Jeder Schnipsel dieses Ortes ist wichtig, kein noch so alltägliches Antlitz darf verloren gehen, die kleinen Momente der Anwesenheit, die Eile, die Beiläufigkeit, die vernachlässigten, unsauberen Ecken einer belebten Stadt, die für so viele aus der ganzen Welt zur Heimat wurde – festhalten, auf dass zumindest die Bilder dieser Leute aus einem New York einer bestimmten Zeit nicht mehr verloren gehen können. Als filmische Erinnerung werden sie fixiert.

Es gehört alles festgehalten vom Kameraauge, das ein Gedächtnis hat, anderswo ist es verloren gegangen, und gibt es kein Zeugnis mehr der einstmals belebten Stadt – was als Verbindung vielleicht nur hier entsteht im ehemaligen Galizien und somit fiktiv ist und aus der Luft gegriffen – wenn man das Wort Luft durch Tarnów ersetzt, Leere.

LES RENDEZ-VOUS D'ANNA

(1978)

KAPITEL III

Produktionsgesellschaft: HÉLÈNE FILMS (Paris),
UNITÉ TROIS (Paris), PARADISE FILMS (Brüssel), ZDF (Mainz)

Ausführender Produzent:
ALAIN DAHAN

Drehbuch: CHANTAL AKERMAN

Kamera: JEAN PENZER

Schnitt: FRANCINE SANDBERG

Hauptdarsteller/innen:
AURORE CLÉMENT, JEAN-PIERRE CASSEL, HELMUT GRIEM,
MAGALI NOËL, LÉA MASSARI, HANNS ZISCHLER

35 MM, FARBE, 127 MIN

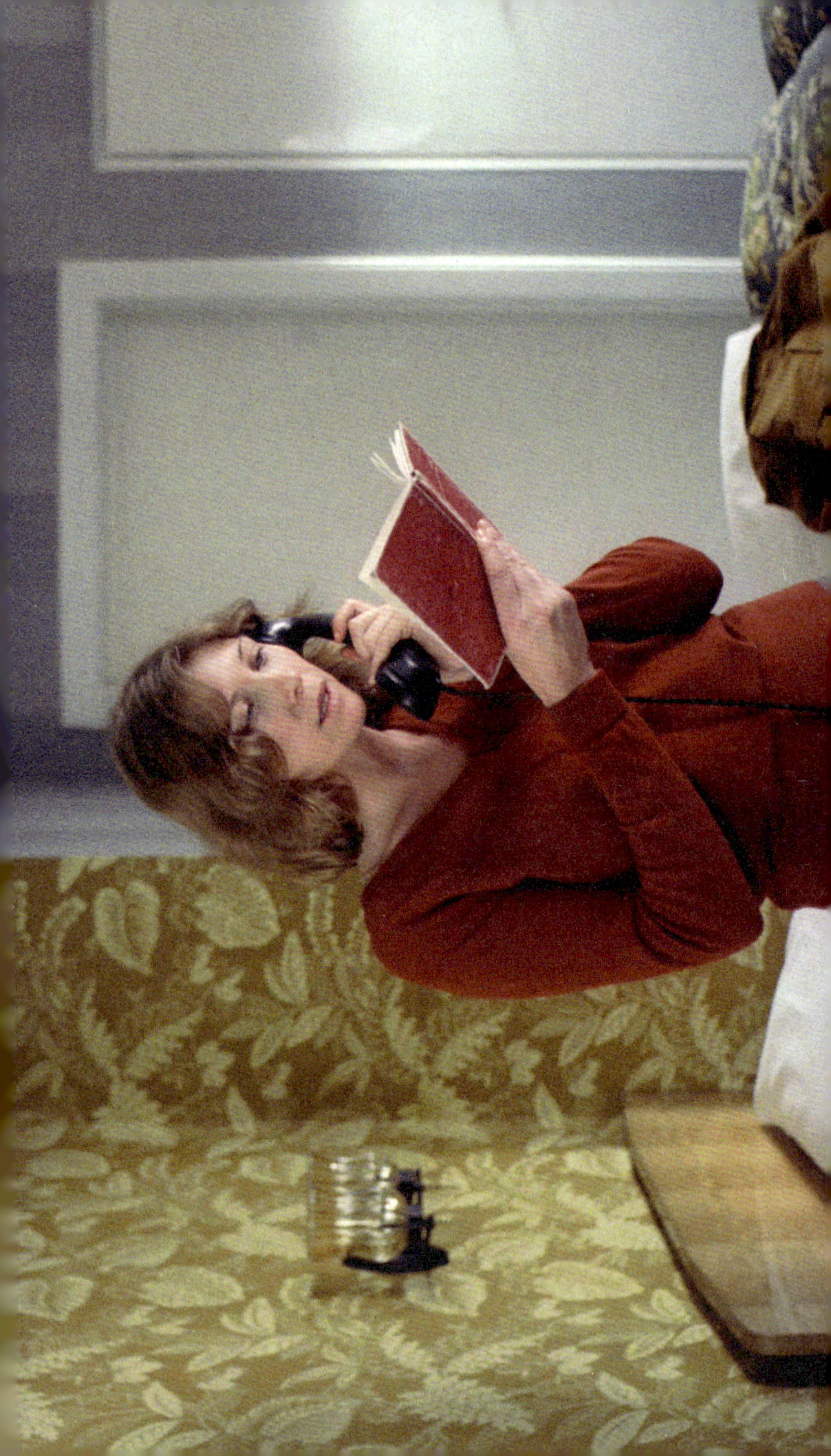

Ich nenne ihn Chantal Akermans Deutschlandfilm, und er führt mich von Tarnów geradewegs zurück nach Deutschland. Er spielt zunächst in einem Hotel in Essen, einem Garten in Bottrop, dann auf dem Kölner Hauptbahnhof und während einer langen nächtlichen Zugfahrt von Köln nach Brüssel. Der zweite Teil des Films schließlich spielt in Brüssel und Paris.

Erzählt wird die Geschichte einer Reise: Anna, eine belgische, in Paris lebende Filmregisseurin präsentiert in verschiedenen Städten in Deutschland ihren Film. Wir folgen ihr an die verschiedenen Orte, Anna Silver ist unterwegs und selbst in Paris die meiste Zeit nicht zu Hause. Die drei Hotelzimmer als Räume der Intimität sind zugleich Räume und kurze Zwischenstationen von Annas Unrast.

In der ersten Einstellung sehen wir sie mit dem Zug am Essener Hauptbahnhof ankommen, in einem dichten Strom der Mitreisenden mit den anderen auf die Treppe zusteuern. Dann, kurz vor dem Treppenabsatz, löst sie sich aus der Menge, läuft an der Treppe vorbei und betritt eine Telefonzelle auf dem Bahnsteig. Man sieht sie wählen, horchen und die Telefonzelle wieder verlassen.

An der Rezeption des Hotels sagt man ihr in einem tadellosen Französisch (wie überhaupt alle Deutschen in dem Film perfekt französisch sprechen, was gleich zu Beginn jeglichen Realismus von vornherein bricht), dass man eine Nachricht für sie habe. Anna faltet den Zettel am Tresen stehend auseinander und sagt:
Ma mère m'a telephoné. Comment sait-elle que je suis ici?

Woher weiß meine Mutter, dass ich hier bin?
Der Mann an der Rezeption erwidert ausdruckslos, dass er das nicht wisse.

Anna jedenfalls scheint es nicht geheuer zu sein, im Hotel Handelshof sogleich mit einer Nachricht von ihrer Mutter empfangen zu werden. Die Mutter verfolgt sie, auch wenn sie Hunderte Kilometer weit weg ist.

Anna ist im Ruhrgebiet, etwa 200 Kilometer östlich von Mechelen, wo sich das Sammellager für die Transporte belgischer Jüdinnen und Juden nach Auschwitz befand.

Kann es sein, dass die Mutter in einem Zug der Deutschen Reichsbahn hier vorbeifuhr, Richtung Polen, in das Konzentrationslager Auschwitz? Das geht mir durch den Kopf, als ich an einem stürmischen Herbsttag in Tarnów den Film ansehe und Aurore Clément beobachte, wie sie als Anna die langen Gardinen ihres Essener Hotelzimmers zurückzieht. Der Wunsch steigt in mir auf, das nämliche Hotelzimmer aufzusuchen und den gleichen Blick wie Anna auf den Essener Bahnhof und das Bahnhofsviertel einzunehmen.

Anna sieht auf die grau verhangene Stadt, öffnet das Fenster, das unerträglich laute Quietschen einer bremsenden Lokomotive im Bahnhof ist zu hören. Lärm von Zügen, er hört nicht auf, wird lauter, immer noch lauter, Eisen auf Eisen. Ich höre bremsende Züge in Deutschland, ich denke an fahrende Züge in Deutschland, ich denke an Chantal Akerman, ihre Mutter, deren Deportation nach Auschwitz. Anna schließt das Fenster. Verharrt reglos. Da platzt eine Frau herein, es sind die ersten deutschen Worte, die im Film fallen, »Entschuldigen Sie!«, man hört nur die Stimme, dann ein Knallen der Tür. Man kann vermuten, dass ein Zimmermädchen sich in der Tür geirrt hat, doch warum erzählt Chantal Akerman diesen Auftritt, der Anna Silver für den Bruchteil einer Sekunde irritiert. Das »Entschuldigen Sie!« klingt nach. Eine deutsche Entschuldigung gegenüber der belgisch-jüdischen Filmemacherin, wirsch hereingerufen und ohne Zusammenhang. Ich sehe die Verlorenheit Anna Silvers an diesem Ort, der nicht feindselig, aber auch nicht feinfühlig ist, tief und absurd werden: Die geschichtlichen Zusammenhänge sind so fern und verwischt, zugleich scheint in den alltäglichen Gesten und Zeichen überall etwas zwanghaft Bezug zu nehmen, Bezug nehmen zu wollen zu der gewaltvollen Geschichte, den Wunden. Was ist dieses Etwas, das sich

einerseits der Sprache entzieht und nicht spricht, aber sich doch in Worten und Gesten artikuliert?

Anna schaltet das Radio an. Die Klaviermusik wird von Straßenlärm übertönt, der jetzt anschwillt, bei geschlossenem Fenster in einer hohen Künstlichkeit laut ins Zimmer dringt und mit einem Mal ebenso künstlich und rätselhaft endet – so wie auch die Musik und jegliche Töne aus dem Radio in dem Moment abrupt enden, als Anna den Kleiderschrank öffnet und dort eine Krawatte vorfindet.

Wieder ist nichts an der Tonspur naturalistisch. Die laute Musik im Innenraum und der laute Straßenlärm, der unnatürlich in diesen Innenraum drang und dort mit der Musik konkurrierte – beides bricht ab mit einem neuen Bild: der Krawatte im Schrank und einer bedrückenden Stille dazu. Anna gibt an der Rezeption Bescheid, dass sie eine Krawatte in ihrem Zimmer gefunden hat, die vermutlich ein Gast vor ihr vergessen habe. Ihr wird gesagt, dass sie sich um die Krawatte nicht weiter kümmern brauche und sie einfach im Schrank lassen könne. Doch Anna scheint die Krawatte in ihrem Hotelzimmer nicht zu behagen.

Am Abend sehen wir sie in Begleitung eines Mannes, den sie bei der Vorführung ihres Filmes kennengelernt hat und der sich, wie es aussieht, auf Anhieb verliebt hat oder sich verlieben möchte. Im Hotelzimmer unterbricht sie die Küsse und fordert ihn auf, sich wieder anzuziehen und zu gehen. Er versteht nicht. Sie sagt: On ne s'aime pas. Wir lieben uns nicht.

Sie begleitet ihn hinunter an die Rezeption, wo er ihr von seiner kleinen Tochter erzählt, die am nächsten Tag Geburtstag hat, er schreibt seine Telefonnummer auf, Heinrich Schneider, ein melancholischer, einsamer Mann, der nach der Scheidung von seiner Frau bei seiner Mutter wohnt und sich um seine Tochter kümmert. Er arbeitet als Lehrer. Schreibt auch die Nummer von seiner Schule auf und fragt, ob Anna nicht zum Geburtstag seiner Tochter kommen möchte.

Am nächsten Tag sehen wir die beiden tatsächlich in einer Landschaft des Ruhrgebiets, wieder ist die Luft grau, Heinrich Schneider führt Anna über sein winterliches Grundstück und sagt, im Sommer sei es natürlich viel schöner, da blühten die Tulpen. Und: Wir hatten großes Glück im Krieg. Unser Haus ist nicht zerstört worden.

Sein Vater habe mit Leidenschaft die Tulpen im Garten gepflanzt. Mein Vater ist in Stalingrad gestorben, nun kümmere ich mich um die Blumen. Er fragt Anna: Vous aimez des fleurs? Mögen Sie Blumen? Non, antwortet sie. Und sieht sich auch sonst unbehaglich um: kahle Bäume, ein kahler, winterlicher Garten, ringsum Eigenheime, man hört sehr laut die Autobahn, in der Ferne Industrie und Hochhäuser. Sie fragt, ob es sich bei diesem Wohnviertel um eine Banlieue handele, er reagiert pikiert: Das ist doch keine Banlieue, das ist eine Stadt. C'est Bottrop! Sie lächelt. Halb mitleidig, halb amüsiert, aber immer noch zugewandt.

Er will, dass sie bei ihm bleibt, er behauptet, seine Tochter und seine Mutter hätten sie schon ins Herz geschlossen. Er bittet. Sie lächelt und sagt nichts.

Er redet vom Krieg, davon, wie der Krieg und die anschließende Teilung sein Land verändert haben. Er hat einen diffusen Ärger, grämt sich mit seinem Land, lässt die Sehnsucht nach etwas Heilem anklingen. Von Anna erfahren wir nichts. Heinrich Schneider fragt sie nichts. Er fragt nicht nach ihrem Verhältnis zu seinem Land und kommt auch nicht auf die Idee, sie danach zu fragen, wo und wie ihre Familie die Zeit im Krieg verbracht hat. Sie wiederum scheint überhaupt nicht den Drang zu haben, ihm etwas zu erzählen. Weil die Geschichte ihr zu nah ist, hier, im Ruhrgebiet?

Anna hört ihm zu, dem bedrückten, leidenden, melancholischen Deutschen. Dann geht sie. Entgegen seinen Bitten. Freundlich und sehr distanziert. Im Hintergrund sieht man einen Güterzug langsam durch die Landschaft rollen. Der Kamerablick bleibt lange auf den Waggons in der Ferne.

Anna kommt zurück ins Essener Hotel Handelshof und nimmt eine Nachricht von ihrer Mutter entgegen. Während sie sich die Geschichten eines Deutschen und seine Sicht auf den Krieg angehört hat, hat ihre Mutter ausrichten lassen, dass sie Anna am kommenden Tag am Brüsseler Hauptbahnhof erwarten wird. Anna sieht auf die Benachrichtigung mit Augen, die wissen, dass es dagegen keine Widerrede gibt.

Vor mir liegt das Essener Hotel Handelshof, grau und imposant steht es zwischen Bahnhof und Fußgängerzone. Der alte Westen. Ich werde nach der Zimmernummer 320 fragen, Annas Zimmer. Ich betrete das Hotel und bin darauf gefasst, im nächsten Moment in ein Mirage zu geraten, eine Sequenz aus Traumbildern. Auf die Sehnsucht folgt augenblicklich die Ernüchterung. Die Rezeption gleicht einem Flugzeugterminal, nichts mehr zu sehen von der dunklen Holzvertäfelung der 1970er Jahre, dem genieteten braunen Ledersofa, auf dem ein Geschäftsmann vor seinem Bier sitzt und die eintretende Anna Silver von oben bis unten mustert. An der gleichen Stelle stehen zwei mit hellblauem Plüsch überworfene Kunststoffsessel, und wo vorher ein langer Tresen und Portier mit Beamtenmiene aufwartete, befinden sich jetzt kleine Empfangsterminals aus voluminösen, wolkenförmigen, bis zum Fußboden verregneten Tischchen, hinter denen quer über die Wand ein Spruchband flattert:

> ERFÜLLTE WÜNSCHE BEDEUTEN STILLSTAND. SOLANGE WIR LEBEN, MÜSSEN WIR UNTERWEGS BLEIBEN (Heinz Rühmann).

Das Zimmer 320 ist frei. Ich atme auf.
Wenn sich das Hotel inzwischen auch um ein vollkommen anderes Bild bemüht als vor vierzig Jahren, der abweisende Charakter hat sich irgendwie gehalten. Und ausgerechnet Heinz Rühmann soll für den Geist des

Hauses stehen. Seiner Komödie DIE FEUERZANGENBOWLE, einer NS-Produktion aus dem Jahr 1944, wird in einer jüngeren Kritik eine geglückte Strategie des Vergessens attestiert. Bis in die Montageprinzipien hinein, bis in die Kostüme und Bauten vermittle der Film das Glück einer emotionalen Rückwärtsbewegung, eines erlösten Verschwindens. Unweigerlich denke ich an Tarnów und das *unerlöste* Verschwinden dort.

Heinz Rühmann! Handelshof … in meinem Bauch braut sich etwas zusammen. Ich werfe meine Tasche in eine Ecke des Zimmers und merke erst gar nicht, wie sich die Himmelsrichtungen geändert haben: Zeigte Zimmer 320 im Jahr 1978 noch in Richtung Süden auf die ankommenden und abfahrenden Züge des Hauptbahnhofs, so ist das Zimmer mit den Jahren immer weiter nach Westen gewandert. Der Bahnhof ist nicht zu sehen. Natürlich nicht, Westseite. Die Himmelsrichtung hält, was sie verspricht, ich blicke auf ein Kaufhaus.

Zwischen Gärten und Gütergleisen in Bottrop tut sich eine karge Landschaft mit Orchideen auf, weiße und violette Orchideen auf den Fenstersimsen, und darüber hängen geflochtene Herzen aus dunkelgrauem Korbimitat an den Scheiben.

Fenster für Fenster wurden die Pflanzen und die Herzen sorgsam vor den Gardinen drapiert, auf der anderen Straßenseite Kolonnen fabrikneuer Autos, die mitten auf der Bahnstrecke langsam quietschend zum Stehen kommen. Brachliegende Felder, vorbeiziehender Güterverkehr ohne Halt in Bottrop, ein stillgelegtes Stellwerk, dann wieder die gleichen Reihenhäuschen mit den gleichen geflochtenen Herzen, die in hohläugigen Fenstern hinter den Orchideen hängen. Die Weite der eingerissenen Landschaft gleich neben der Enge der Fensterreihen, die verunsicherte Industrie und das halb verunsicherte Leben, das hinter Gardinen hervorlugt, sie ziehen mich an und immer weiter hinein, ich biege noch einmal ab und nochmal tiefer in das Dickicht der

Vorgärten. Plötzlich ein Schild, ein ausgesägtes fenstergroßes Viereck aus grüner Dachpappe, unsauber mit dicker weißer Farbe beschrieben und an den Zaun genagelt, ich bleibe stehen, so ein Schild habe ich noch nie gesehen, wild und spießig in einem. *Hunde hier scheißen lassen ist verboten. Wer widersetzlich handelt wird mit Hundescheiße beworfen.* Die energisch gepinselten Buchstaben lassen keinen Zweifel daran, dass genau das gemeint ist, was draufsteht. Ich sehe zu, dass ich weiterkomme, aus der Tiefe des Gartens ertönt das kehlige Kläffen eines Kampfhundes im Zwinger.

Zwei Grundstücke weiter sitzen hinter einem weit geöffneten Hoftor zwei dicke kahlköpfige Männer, Pulle Bier in der Hand, in Campingstühlen, während drei andere in einer Garage mit Schubkarren und Brettern fuhrwerken, die Männer in den Stühlen mustern mich mit verkniffenen Gesichtern, ich ziehe meine Mütze tiefer ins Gesicht, gehe vorbei, unter einer Eisenbahnbrücke hindurch, hinter der ein Strommast aus dem Boden schießt, während ringsum alle Sträucher und Bäume abgeholzt sind, auch hinter der nächsten Biegung begegnen mir keine Autos mehr, keine Häuser, keine Schuppen, eine menschenleere und unbehagliche Ödnis, fauliger Dunst und stoppelige Baumstümpfe von Kiefern, über einen Hang verstreut und in unterschiedlicher Höhe abgeholzt, als wäre ein Riese fingerschnipsend durchgegangen. Es würde mich nicht wundern, wenn ich einen Punkt der Erde erreicht hätte, an dem das Verglühen der Sonne plötzlich spürbar würde.

Wo endet ein Ende der Welt wieder?
Hinter ein paar Werbeplakaten, einer Bushaltestelle und einer Autobahnbrücke, hier beginnt eine Schrebergartenkolonie und wie sich das für eine Schrebergartenkolonie gehört, hängt an einem der ersten Gartentore wieder ein Schild, in schwarzen Buchstaben eng bedruckt und gegen Nässe eingeschweißt. Ob es sich hier ebenfalls um ein Verbot oder eine Abmahnung handelt,

kann ich nicht sagen, denn die Mitteilung ist auf Arabisch verfasst. Und dann komme ich an Fenstersimsen vorbei, mit dem gleichen Schmuck der Gardinen, geflochtenen Herzen und Orchideen, jetzt allerdings vor Vasen mit arabischen Schriftzeichen. Ob arabische Frauen woanders als in Bottrop ihre Fenster auf die gleiche Weise dekorieren würden? Sind Gardinen hier am Ende ein Zugeständnis an das »Gastland«, oder haben sie sich den deutschen Geschmack angeeignet, ahmen sie einen deutschen Stil nach, den sie in der Nachbarschaft finden und fügen ihm ein paar eigene Zeichen und Ornamente hinzu, wodurch der Gardinen- und Orchideenstil wieder eine Wandlung erfährt?

Ich durchquere die Siedlung, komme an ihrem Ende an eine Ausfallstraße, schon wieder, und merke, dass ich nun langsam genug von Bottrop, Güterzügen und Autobahnen habe.

Eigentlich will ich geradewegs zum Bahnhof, aber da ist dieses Schilf, und schon komme ich wieder vom Weg ab. Zwanzig nasse Schritte durch den Schlamm, und ich stehe mitten im Lärm der Autobahn in einem Landschaftsschutzgebiet unter türhohen Schilfhalmen in einer modrigen Senke, stapfe einen grasbewachsenen Deich hoch, auf dem angekommen ich plötzlich jene Landschaft erblicke, in der vor vierzig Jahren ein deutscher Lehrer namens Heinrich Schneider der belgischen Filmemacherin Anna Silver von seiner kaputten Ehe und seinem kaputten Land erzählte.

Zurück im Essener Handelshof. Zimmer 320. Die langen Gardinen und ein Fenstervorsprung aus hellbraunen aufgerauten Steinplatten. Ich sehe die Gardinen an. Ich sehe Heinz Rühmann in Gestalt einer Gardine. Ich habe an die fünfzig Orchideen gesehen, das stimmt. Ich lüge sicher nicht. Trotzdem, nur weil ich es sehe, muss es nicht wahr sein. Was habe ich gesehen, als ich vorhin unzählige Male Herzen aus Korb in den Fenstern hängen sah? Und vor allem, was habe ich alles *nicht* gesehen?

Am liebsten würde ich mich gleich nochmal in die S-Bahn setzen, aber es ist schon dunkel. Und ich bin froh darum. Die Sucht zu sehen, wird sie nicht schnell obsessiv und ist dabei so trügerisch? Als gäbe es das vollständige Bild, irgendwo, als müsste man nur lange genug oder intensiv genug hinsehen, derweil die Orchideen und Gardinen in Bottrop, alle Bäume und Dinge dieses Tages sich unwillkürlich in ein Verhältnis zu Chantal Akerman setzen.

Ich gehe an der Rezeption mit Heinz Rühmann vorbei, um eine zu rauchen, Heinz Rühmann, *der größte deutsche Schauspieler des Jahrhunderts*, der bei den Nazis, nachdem er sich 1938 von seiner jüdischen Frau scheiden ließ und damit in den Augen der Nazis wieder vertrauenswürdig war, in sage und schreibe 37 Filmen mitspielte.

Ich habe alle berühmten Heinz-Rühmann-Filme als Kind gesehen, die ganze Familie saß vorm Fernseher, und wir haben *herzlich* gelacht.

Das Einzige, das hier noch den Charme vergangener Jahrzehnte ausstrahlt, sind die braunen Vorhänge und ein alter Ledersessel. Das Einzige, was in diesem Hotel noch genauso aussieht wie zu dem Zeitpunkt, als Chantal Akerman hier drehte, sind – warum hab ich es nicht gleich gesehen? – die Gardinen! Die Gardinen scheinen gegen alle Einflüsse und Neuerungen resistent, selbst im Hotel Handelshof, das jetzt einem Hotelkonzern mit dem Namen Novum Select gehört (oder gar Novum Selection?). Das Hotel der neuen Auslese hält jedenfalls an der alten deutschen Liebe zur Gardine fest. Ich hole den Film hervor und sehe Anna im Hotel Handelshof vor den drei Meter langen Gardinen, tatsächlich, das ist ein Zeichen, das bleibt.

Bevor sie in den Nachtzug nach Brüssel steigt, trifft Anna Silver am Kölner Hauptbahnhof eine gute Freundin ihrer Mutter. Ida ist eine jüdische Belgierin, die wie Annas Mutter aus Polen stammt und seit Kurzem aus wirtschaftlichen Gründen im Ruhrgebiet lebt:

Du weißt, die Rezession ist in Deutschland nicht so schlimm wie in Belgien. Und überhaupt, man darf nicht an die Vergangenheit denken! Von ihrer polnischen Heimat sagt sie: Wir haben dort keine Familie mehr. Fast alle sind tot und die wenigen Übriggebliebenen überall verstreut.

Sie warten gemeinsam auf Annas Zug. Ida klagt ihr das Leid ihres Sohnes, der sich große Hoffnungen gemacht habe und nicht verstehen könne, warum Anna sich nicht mehr melde. Ida fleht Anna an, ihn doch zu heiraten, er sei ein so guter Junge. Ida bietet ihr an, später auf die Kinder aufzupassen, wenn Anna unterwegs sei mit ihren Filmen, sie müsse auf nichts verzichten. So oder so, man brauche schließlich eine Familie, oder nicht?

Anna sagt: Ja, natürlich.

Ob Anna denn keine Kinder wolle?

Doch, gern.

Aber?

Anna schweigt. Sie verspricht, Idas Sohn bald zu schreiben, und steigt in ihren Zug – gleich hinter den jungen Bundeswehrsoldaten, die eben schnell noch angerannt gekommen sind und sich vor Anna den Treppenabsatz zum Waggon hochschwingen.

Dann folgt eine lange Zugfahrt durch die Nacht. Immer wieder guckt die Kamera durchs Zugfenster auf leere, nächtliche Bahnhöfe in Deutschland, guckt auf Gleise mit Güterzügen, die rangiert werden, sie guckt auf vorbeiziehende Güterwaggons, guckt auf patrouillierende Polizisten, auf ihre Waffen. Wieder weckt der Blick der Kamera auf dieser Nachtfahrt durch deutsche Bahnhöfe bei mir Assoziationen an Deportationen. Anna guckt aus dem Fenster in der komfortablen ersten Klasse. Dann packt sie die Unruhe, und sie geht durch den Zug in die überfüllte zweite Klasse, wo die Leute im Gang stehen. Sie geht, drängt sich als einzige Frau an den Männern im Gang vorbei, manche machen ihr Platz, andere nicht, sie erreicht den Speisewagen, Zigaretten-

qualm hängt in der Luft, lärmende Geräusche kommen aus allen Richtungen und zehren an den Nerven. Man stößt sich, es ist zu voll, das Gedränge zu massiv, um noch Rücksicht aufeinander zu nehmen, man sieht Anna innehalten und nach Luft ringen, man sieht Panik aufsteigen. Unkoordiniert brüsk, ohne selbst noch auf irgendwas zu achten, dreht sie sich um, drängt sich zurück durch all die endlosen Gänge, an all den Männern wieder vorbei, von denen manche sie lassen, andere nicht, bis sie wieder in ihren geräumigen Waggon gelangt – mit ihr atme ich auf, ohne jede Fröhlichkeit: Bitter schaut man auf einen angenehmen Raum, den man sich leisten können muss.

An der Grenze die Passkontrolle. Die Grenzpolizisten kommen näher. Anna findet ihren Pass nicht. Wieder steigt leichte Panik hoch ... Als sie ihn findet, streckt sie ihren Pass dem Polizisten mit Verachtung und Ärger entgegen, nimmt ihn mit leerem Blick wieder an sich, verlässt das Abteil, geht auf den Gang und raucht.

Hier wird sie angesprochen von einem mitreisenden Deutschen, gespielt von Hanns Zischler, der auf dem Weg nach Paris ist, wo, wie er sagt, die Menschen so frei seien, worauf sie ironisch erwidert: So heißt es. Er spricht von seiner Sehnsucht, selbst frei zu sein in einer Stadt, Anna schweigt und lächelt. Er erzählt von seiner letzten unglücklichen Liebe. Sie vertreiben sich so rauchend die Zeit, er spricht, sie hört zu. Das klingt unbefriedigend, ist es aber nicht. Es ist eine intime Begegnung, wie auch mit Heinrich Schneider in Bottrop. Chantal Akerman geht es nicht um Kommunikationsformen oder -stereotype von Männern oder Frauen. Die schweigende Frau ist nicht schwach, nicht bei ihr. Sie fängt die Schönheit von Begegnungen ein, die es zwischen Fremden geben kann. Es ist immer sehr ehrlich, was die Männer Anna erzählen, es entsteht eine Intimität zwischen ihm und ihr, wenn er sie auch wenig fragt und man manchmal den Eindruck hat, dass sie nur als sensible Projektionsfläche dient, um verschiedene Sorgen,

Geschichten und Gefühle von Einsamkeit mit ihr zu teilen. Dennoch haftet diesen Monologen an keiner Stelle etwas Missbräuchliches an, denn Annas Schweigen ist nicht hilflos, sondern bestimmt. Sie hält sich selbst bedeckt. Auch das scheint eine Entscheidung zu sein. Und dann ist da noch die besondere Intensität, mit der sie zuhört und die fast einer Leidenschaft gleichkommt. Sie scheint diese Geschichten und Erzählungen, die intimen Bekenntnisse, die ihr die Fremden machen, auf eine Art zu genießen, als könnte sie nur in solcher Intimität frei atmen.

Endlich erreicht der Zug in jener langen Nacht den Bahnhof von Brüssel.

Eine Frau holt sie mitten in der Nacht in der Eingangshalle ab. Sehr sorgfältig geschminkt und elegant gekleidet mit einem dunklen Fellmantel und hohen Schuhen. Wir haben gehört, dass Annas Mutter sie abholen will, und ich meine also, es wird ihre Mutter sein, widerrufe diesen Eindruck aber, als die beiden eine alte, elegante Bahnhofsgaststätte betreten und sich etwas zu trinken bestellen. Die etwas ältere Frau sieht Anna zärtlich an und sagt, wie sehr sie sich nach ihr gesehnt habe: Ich meine nun, dass es sich um Annas Geliebte handelt, ihre Verflossene, denn so wirkt sie, beinahe flüssig vor Zuneigung. Eine Freundin, die im Gefühl des Zurückgesetztseins mehr untergeht denn schwimmt. Ich halte sie über die ganze Dauer des Gesprächs hinweg für Annas vernachlässigte Freundin. Bis ich erfahre, dass es sich bei ihr (also doch) um Annas Mutter handelt. Sie trinken Kaffee, Anna ist müde, die andere sieht sie fortwährend an, kann sich nicht sattsehen.

> Die Mutter fragt: Und, wie ist es jetzt in Deutschland? Das *jetzt* hat eine besondere Bedeutung, die Mutter (Chantals und vielleicht auch Annas) ist seit ihrer Deportation durch die Nazis nicht mehr dort gewesen. Sie kennt Deutschland aus der Nazizeit.

Comment c'est l'Allemagne maintenant?
Anna seufzt: Ah, l'Allemagne! Dann lächelt sie befremdet und belustigt: Il y a des rideaux partout …
Es gibt *überall* Gardinen.
Es ist, als würde sie damit sagen: Die Deutschen haben anscheinend noch viel zu verstecken.

Die Mutter sagt: Zwanzig Jahre ist es jetzt her.
Sie sagt nicht: der Krieg. Sie weiß, dass die Tochter es weiß.

Plötzlich ist mir klar: Es ist die Mutter. Jene Mutter, die immer schon in den Hotels angerufen hatte, bevor Anna dort aufgekreuzt ist. Die Mutter, die aus der Ferne immer schon vor ihr da war.

Die Mutter hat jetzt ihre 28-jährige Tochter mitten in der Nacht vom Bahnhof abgeholt, hat mit ihr sofort die nächste Gaststätte aufgesucht, um zu sprechen, zu trinken und sie anzuschauen. Dann begleitet die Mutter die Tochter ins Hotel, sieht zu, wie sie sich auszieht, und legt sich neben die nackte Anna ins Bett. Bevor sie einschlafen, erzählt Anna ihr von den Affären, die sie unterwegs hatte, und wie einsam und traurig sie manches Mal verlaufen. Ein intimeres Verhältnis zur eigenen Mutter, der man ungeschönt sein Liebesleben schildert, kann man sich kaum denken.

Anna spricht von ihrer Liebe zu Frauen, erzählt von ihrer Geliebten in Italien (immerzu sehen wir sie im Laufe des Films beim vergeblichen Versuch, eine telefonische Verbindung nach Italien zu bekommen). Anna sagt zu ihrer Mutter: Diese Freundin in Italien, sie erinnert mich an dich.

Die Mutter lächelt darauf und fragt:
Und, was sagt deine Freundin dazu?
Anna: Sie hat gelächelt, als ich es ihr sagte.
Und nach einer Pause fragt Anna ihre Mutter:
Hast du nie eine Frau geliebt?

Ich weiß nicht, sagt diese ehrlich,
ich habe nie darüber nachgedacht.

Mutter und Tochter ahmen, vielleicht ohne es zu merken, das Verhalten von Liebenden nach. Vielleicht, weil sie immer schon so miteinander waren. So innig, bedürftig, so zart und fordernd zugleich. Vor allem die Mutter – indem sie in ihrer eigenen Stadt nicht irgendwann nach Hause zu ihrem Mann geht und in ihrem eigenen Bett schläft, sondern ihrer Bedürftigkeit ungeniert folgend Anna in ein Hotel begleitet, ahmt sie in einem entscheidenden Punkt das Verhalten einer Liebhaberin nach: den quälenden Abschied so lang als möglich hinauszuzögern, jegliche Peinlichkeit oder Erniedrigung in Kauf nehmend, um bloß die drohende Trennung aufzuschieben, sie durch die eigene Beharrlichkeit am Ende ganz zu umgehen, indem sie einfach an dem geliebten Wesen kleben bleibt.

Als Anna sich im Hotelzimmer auszieht und die Mutter voller Liebe den fremden und zugleich vertrauten, den großen nackten Körper des Kindes betrachtet, fragt sie: Wie lange haben wir uns nicht gesehen?
Anna: Fast drei Jahre.

Mutter: Das ist lang.
Anna: Ja. Aber du warst bei mir.

Mutter: Ich werde nicht immer da sein.
Anna: Doch.
Kaum vorstellbar, was für eine Qual das in den drei Jahren für die Mutter gewesen sein muss und umgekehrt was für eine Notwendigkeit des Reisens und Fortseins für die Tochter: möglichst weit weg von der quälenden Liebe der Mutter, die sie vollständig absorbiert und durch die Tochter zu atmen scheint.

Der letzte Teil des Roadmovies spielt in Paris. Anna kehrt heim in die Stadt, in der sie lebt, doch bezeichnenderweise fährt sie vom Bahnhof nicht zu sich nach Hause, sondern in ein Hotel. Ihr Liebhaber Daniel hat sie vom Bahnhof abgeholt, ein älterer Geschäftsmann. Sie hat sich offenbar gefreut, ihn zu sehen, sucht schon im Auto seine Nähe, will ihm erzählen und fragt ihn,

sieht ihn an, wie er aussieht, was er anhat, er blockt bei allem ab. Sie fragt, was los ist. Er sagt: Nichts, die Routine, viel Arbeit.

Sie schweigen. Aber zum ersten Mal im ganzen Film ist es kein intimes Schweigen, sondern ein leeres. Die Szene wird schrecklich, ihre Zärtlichkeit, die sich noch nicht einschüchtern lassen will, zerstört er. Er tut alles, damit zwischen ihnen keine Intimität entsteht. Schaltet das Radio an, laute Musik, die über ihre zwei Körper hinwegrauscht.

Anna hat den Film über von Anfang bis Ende das gleiche an: den graubraunen Rock, den gleichen tonfarbenen Pullover, das braune Sakko darüber, braune elegante Schuhe mit Absatz, worin sie immer ein wenig fragil wirkt. So sehen wir sie. Oder nackt.

Ihr Freund Daniel beginnt im Hotel sexuelle Berührungen ohne Intimität. Er greift zwischen ihren Hintern und knetet mit der Hand weiter vorwärts zwischen die Beine, sie hält seine Hand fest, lässt sie los. Sie geht in die Badewanne, schließt die Tür hinter sich.

Als sie im Bademantel wiederkommt, liegt er auf dem Bett, seufzt, ein wenig selbstmitleidig, starrt an die Decke, ein überarbeiteter Mann in der Krise, der mit der Schönheit der Frau vor sich nichts anzufangen weiß. Er ist vielleicht 15 Jahre älter als Anna. Er sagt zu ihr: Wenn ich eine Frau wäre, würde ich ein Kind bekommen und an nichts mehr denken.

Er hat dunkle Vorahnungen: Etwas wird passieren. Er spricht es nicht aus, aber es klingt an: in der Welt, in der Gesellschaft.

Er sagt: On ne peut pas continuer comme ça. Es kann so nicht weitergehen.

Er fällt in ein Fieber. Anna besorgt ihm Medikamente. Zum ersten und einzigen Mal im ganzen Film weint sie. Um diesen Mann, der in sich eingekapselt ist.

Dann geht sie. Annas Unabhängigkeit, Freiheit, ist keine verschlossene, harte; ihr Körper ist immer

präsent, groß, weich, versteckt sich nicht, lässt viele Begegnungen zu, ist nie dick verpackt, nackt unter dem Pullover.

Und ich staune über diese Freiheit. Annas Freiheit, die sie vermutlich niemals Freiheit nennen würde, die sie im Gespräch und in Berührungen mit Männern aber immer verteidigt, auch gegenüber ihrer Verwandten Ida, die sie mit ihrem Sohn verheiraten will. Anna wehrt ab. Resiste. Um allein bleiben zu können. Alleinsein: tun und lassen zu können, was sie will. Und Zeit für die Gedanken zu haben.

Ihre Freiheit als unabhängige Frau ist im Film permanent bedroht, aber sie schafft es, sie endet ohne irgendein Versprechen allein in ihrer Wohnung und hört ihren Anrufbeantworter ab.

Darauf viele Stimmen, die nach ihr verlangen und denen sie als Zuhörerin zwar leidenschaftlich, darüber hinaus aber wohl immer nur ein kleines Stück nachkommen wird.

Vielleicht ist diese große Freiheit aber auch nur zu verstehen im Verhältnis zur großen Unfreiheit im Verhältnis zur Mutter und deren Geschichte als Überlebender. An der Figur der Anna Silver jedenfalls wird das eine nicht ohne das andere erzählt. Wir hören es vom ersten Dialog an: Die Mutter ist immer schon da, hat immer schon angerufen. Anna hat also schon eine Beziehung. Noch eine Person, die irgendwelche Ansprüche an sie stellen würde, wäre zu viel.

D'EST

(1993)

KAPITEL IV

Produktion: PARADISE FILMS (Brüssel), LIEURAC PRODUCTIONS (Paris), LA RADIO TÉLÉVISION PORTUGAISE (Lissabon)

Produzentin: MARILYN WATELET, FRANCOIS LE BAYON

Drehbuch: CHANTAL AKERMAN

Kamera: RAYMOND FROMONT, BERNARD DELVILLE

Schnitt: CLAIRE ATHERTON, AGNES BRUCKERT

Ton: PIERRE MERTENS, THOMAS GAUDER, DIDIER PÉCHEUR

Musik: NATALJA TSCHACHOWSKAJA (Cello)

16 MM, FARBE, 115 MIN

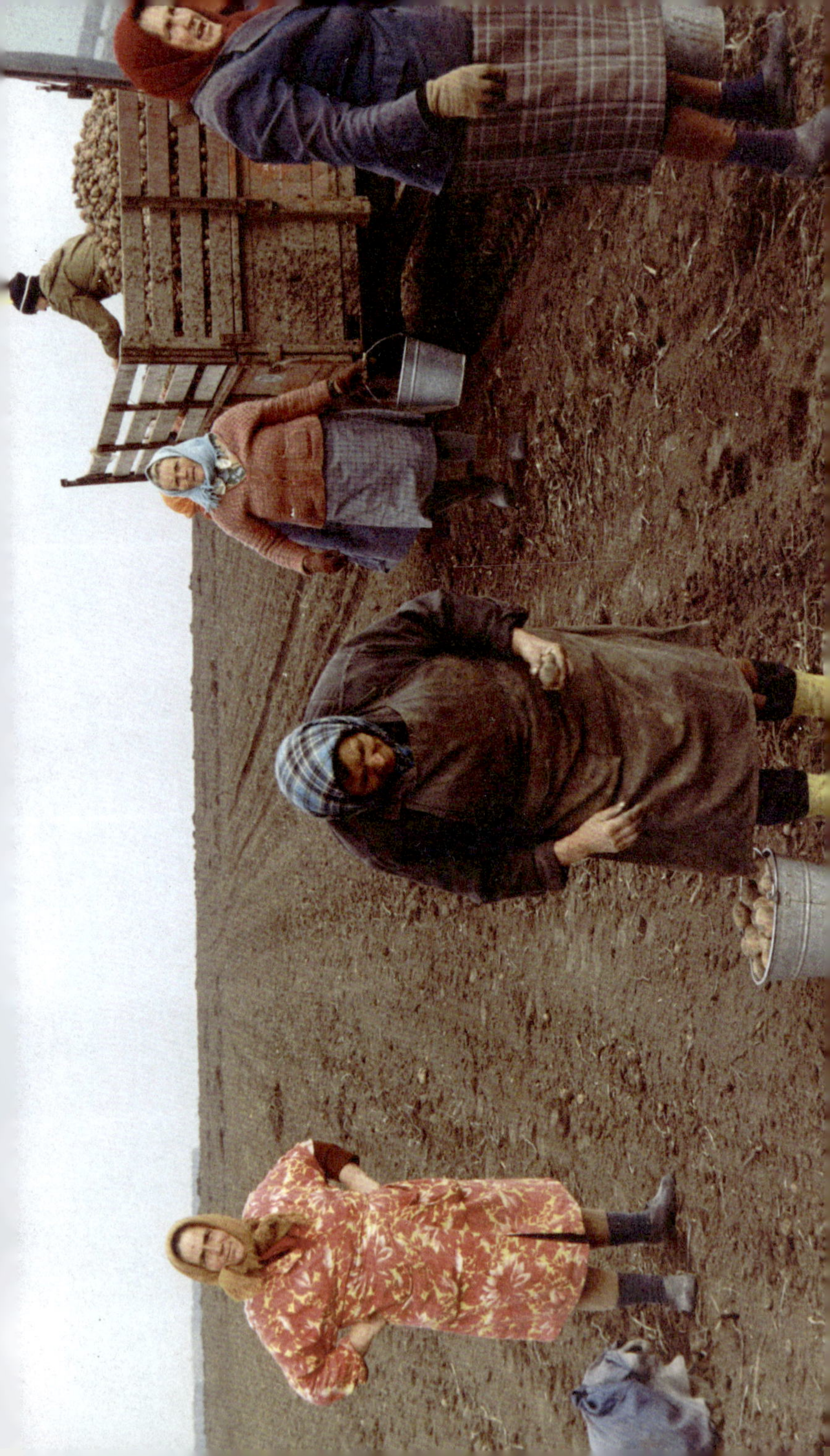

Chantal Akerman schreibt im Vorfeld zu ihrem Film D'EST (dt. Vom Osten): »Ich möchte eine große Reise durch Osteuropa machen, solange noch Zeit ist. Nach Russland, Polen, Ungarn, in die Tschechoslowakei, in die ehemalige DDR und zurück nach Belgien.«

Auf die Frage, weshalb sie diese Reise nach Osteuropa machen möchte, sagt sie: »Es könnte emotionale Gründe geben, und die sind gewiss vorhanden.

Meine Eltern stammen aus Polen, sie leben seit den 30er Jahren in Belgien und fühlen sich dort wohl. Lange Zeit, meine ganze Kindheit über glaubte ich, ihre Art zu leben, zu essen, zu sprechen, zu denken, wäre typisch für Belgien.

Erst später als Jugendliche habe ich die Unterschiede zwischen ihnen und anderen Eltern, und sogar zwischen mir und den anderen Mädchen aus meiner Klasse bemerkt.

Letztes Jahr reiste ich in die UdSSR, um einen Film über die Dichterin Anna Achmatowa vorzubereiten. Es war Winter, ich war fern von Zuhause, in einem unbekannten Land, ich verstand die Sprache nicht, fühlte mich zugleich ein bisschen verloren, ohne es wirklich zu sein, verwirrt, ohne zu wissen, warum … Gewiss, eine fremde Sprache, aber eine, deren Musik und Klang ich so gut kannte, dass ich in meinem ganzen Unverständnis mich an Worte und manchmal an ganze Sätze wie jemand erinnerte, der aus einer Amnesie erwacht.«

Aus jenem Reisevorhaben und dem intuitiven Sog aus unteren Schichten, von dem sie ihren Blick leiten lässt, ist der Film D'EST entstanden: Er beginnt in Ost-Berlin und endet in Moskau.

Es sind Aufnahmen von Menschen, die häufig warten, die Essen zubereiten … Es werden keine Interviews geführt, wird kein Text aus dem Off eingesprochen, es gibt keine vernehmbaren Stimmen. Es ist ein langer und schweigender Film, der noch exzessiver als NEWS FROM HOME die Bilder, vor allem die Gesichter aufsaugt.

Daran denke ich, als ich im Bus Nr. 224 Richtung Zbylitowska Góra nach Buczyna fahre. Über die Krakowska geht es an einem neugebauten Shoppingcenter vorbei, in südwestlicher Richtung verlassen wir die Stadt Tarnów.

An zwei Gesichtern bleibt mein Blick hängen: Der Bus ruckelt in hoher Geschwindigkeit gefährlich zu beiden Seiten, Fahrgäste stöhnen oder lachen darüber, dass sie hin- und hergeworfen werden, allein eine etwa 75-jährige Frau scheint davon ungerührt. Ihr Gesicht verrät eine leichte Anstrengung, die es sie vermutlich kostet, ihre kerzengerade Körperhaltung in den Kurven beizubehalten. Ein entschlossener und vornehmer Ausdruck im rötlich gepuderten Gesicht und den stark geschminkten Augen, die einen Moment traurig blicken und dann wieder fest werden. Ihr Blick kehrt sich von der Landschaft ab und ihren Mitreisenden zu. Sie scheint in den Gesichtern der anderen etwas zu suchen. Schließlich senkt sie müde den Blick.

Auf der anderen Seite des Wagens sitzt eine Frau, ihrer Sitznachbarin zugewandt, sie wechseln Worte voller Sympathie füreinander, die Bekannte steigt aus und die Frau am Fenster sieht ihr lächelnd hinterher. Sie hat hellblaue, fast silbrige Augen in einem runden Gesicht, das nicht mehr jung ist, aber die Jahre nicht zählt. Unmöglich, ihr Alter zu schätzen. Immer wieder lächelt sie über das ganze Gesicht, mit den kindlichen Zähnen, die aufblitzen.

Sie hat dunkelblondes, gewelltes, feines Haar, sie trägt eine schwarze, gerade herunterhängende Lederjacke, einen knielangen Wollrock, durchsichtige Nylonstrumpfhosen, Stiefeletten und klimpernde Ohrringe. Ihre Augen leuchten vor Freude. Sie steigt in Buczyna aus.

Als ich zur Lichtung komme, sehe ich, dass sie mit knallbunten Luftballons behangen ist.

Der Wald von Buczyna war einer der Orte, an denen Tarnówer Juden hingerichtet wurden. Das Morden begann im Stadtzentrum auf dem Marktplatz, ging weiter auf dem jüdischen Friedhof am Rand der Stadt; warum zogen sie sich überhaupt in den Wald zurück? Sie hatten kraft ihrer Brutalität die Gewalt, alles überall zu tun, aber anscheinend fürchteten sie die Blicke der polnischen Bevölkerung, zumindest manchmal.

Sie verhängten am Tag vor dem Septembermassaker das Verbot, aus dem Fenster zu blicken. Und sie verlagerten eines Tages ihr Morden in den Wald, weitab von den Blicken der Stadt.

Von der Krakowska kurz vor der Endhaltestelle des Busses in Zbylitowska Góra biegt ein unbefestigter Weg links in den Wald ein, vorbei an neuen Einfamilienhäusern, ein Schild weist den Weg zum Gedenkstein. Noch bevor ich ihn sehe, höre ich den Gesang. Es ist der über Lautsprecher verstärkte, leicht verzerrte Gesang eines Mädchens. Dann kommen Synthesizer dazu, ein paar leichte Beats. Die Musik kommt aus dem Wald. Ein Popsong, ich verstehe den Text nicht, aber ich schnappe einzelne Wörter auf, es sind keine polnischen sondern hebräische, Ivrit. Dann biege ich um die Ecke, und die Waldsenke taucht auf mit dem Gedenkstein und einer Gruppe von etwa fünfzig israelischen Jugendlichen, die überall in den Bäumen Luftballons aufgehängt haben und zur Musik vom Band die israelische Flagge schwenken. Erst später erfahre ich, dass Buczyna als Hinrichtungsstätte für jüdische Kinder in die Geschichte der Shoah eingegangen ist. Erst später erfahre ich: Die Mörder der SS zogen sich in den Wald zurück, um Kinder zu ermorden.

Jetzt stehen die Jugendlichen in einem großen Kreis, bewacht von dicken Bodyguards, und ich verstehe all die Luftballons und bunten Girlanden nicht, die den Wald wie zu einem Kindergeburtstag schmücken.

In der Tonspur zu einer Installation, die mit dem filmischen Material von D'EST arbeitete und in einer Ausstellung in Wolfsburg zu sehen war, ist Chantal Akermans Stimme zu hören:

»... alte Bilder, die von anderen, lichtvolleren, sogar strahlenden verdeckt sind; alte Bilder von der Evakuierung, von Märschen mit Gepäck durch den Schnee zu einem unbekannten Ort, von Gesichtern und Körpern, die ganz nahe aneinandergedrängt sind ...

Gestern, heute und morgen gab es, wird es geben, gibt es sogar in diesem Moment Menschen, die die Geschichte mit einem Schlag trifft. Sie warten darauf, in Massen zusammengepfercht, getötet, geschlagen oder ausgehungert zu werden, oder sie wandern, ohne zu wissen, wohin, in Gruppen oder alleine.

Es gibt nichts zu tun, das ist das Quälende
und das quält mich.
Trotz des Cellos, trotz des Kinos.
Als der Film beendet war, habe ich mir gesagt:
Dieses also war es, noch einmal *dieses*.«

Ich entferne mich von den Luftballons und Girlanden im Wald von Buczyna, ich verstehe nicht und verstehe doch, mir ist beklommen zumute, ich will fort und laufe ziellos durch den Wald.

Vor einem Jahr habe ich auf dem jüdischen Friedhof von Lublin einen orthodoxen Juden aus Israel getroffen, der es unerträglich fand, an der heiligen Stätte der Juden und am Ort der Vernichtung jüdischen Lebens durch die Deutschen ausgerechnet eine Deutsche anzutreffen. Ich fand es auch unerträglich.

Wo sitze ich, in diesem Wald, auf einem Felsen an einem Tümpel, weit bin ich nicht gekommen, der Gesang ist noch zu hören. Und da stehen zwei Häuser, zwei Forsthäuser, ein vielleicht achtjähriges Mädchen schiebt sein Fahrrad durch das Gartentor des einen Hauses, schwingt sich aufs Rad und fährt an mir und oben an den israelischen Jugendlichen vorbei, sieht neugierig herüber

zu den Flaggen und Ballons. Dann kommt von oben, von der Straße, eine Pilzsammlerin, eine ältere polnische Frau, die sich direkt neben der israelischen Zeremonie ins Unterholz schlägt und den Boden abzusuchen beginnt.

»D'EST ist weder ein Dokumentarfilm noch Fiktion, sondern überschreitet die formale und narrative Ökonomie beider Genres durch die Erfindung eines Rhythmus, der immer der Implosion nahe ist.« So beschreibt es die die französische Kuratorin Catherine David.

Diesen Eindruck kann ich in Tarnów weitaus stärker nachempfinden als beim erstmaligen Gucken in Berlin, wo mich zunächst vor allem die Schönheit und Melancholie der Bilder in ihren Bann zogen. Wir sehen Wartehallen, Warteschlangen, leere Landstraßen, Menschen bei der Arbeit auf dem Feld, Pferdewagen, Dörfer, ein Straßenfest und später ein Tanzlokal mit beglückten, seligen Körpern in der Musik, dann wieder Menschen in der Kälte draußen, die warten – so kunstvoll die Kameraführung ist und so sehr mich die einzelnen Gesichter interessieren, irgendwann wird es bedrückend. Zumindest hier, in Tarnów wird der Film nach einer Weile bedrückend. Ein Gefühl von Stillstand beschleicht mich, von Ergebenheit und Ohnmacht. Die Situationen, in denen sich die Menschen in D'EST befinden, scheinen oft von Ohnmacht bestimmt zu sein.

Zur Zeit, als ich religiös war, bestand die größte Beruhigung für mich darin, dass Gott kein Verbrechen ungestraft lässt, dass die Welt, obwohl sie nicht so aussieht, doch einen gerechten Herrscher hat. Der alles *im Blick* hat. Und der zur gegebenen Zeit und so weiter …

Doch was für ein Gott lässt eine deutsche, blutrünstige *Kinderaktion* erst geschehen, um sie dann später zu strafen? Das ist keine Frage, die Agnostiker stellen, sondern Gläubige. Ich stelle die Frage, aber nicht Gott. Ich rufe Taxi Albert, New York. Die israelischen Jugendlichen stehen auf der Lichtung im Kreis und beten.

Der New Yorker Albert bringt mich zurück in die Stadt.

Und?, raunt er, den Blick nach vorn geheftet,
wie vertragen sich die alten Filme der Pariserin
mit Tarnów? Do you think they're getting friends?

Ich sehe, dass es keine Frage ist, die eine Antwort braucht. Ich wiege den Kopf zwischen nein, ja, vielleicht. Ich spreche dann doch, obwohl mir das Sprechen heut nicht geheuer ist. Vorgestern, mit NEWS FROM HOME haben der Film und die Stadt einander abgestoßen, zunächst, der New-York-Film versperrte sich meinem Blick aus Tarnów, zunächst. LES RENDEZ-VOUS D'ANNA hat mich gestern auf einen Schlag zurückkatapultiert nach Deutschland, hat mich auf meine deutsche Herkunft verwiesen, und heute – heute geht es um Ohnmacht und ich habe das Gefühl, heute begegne ich dem Film in der Stadt mit jedem Schritt.

Mit jedem Schritt? So be glad you're in a car right
now, having a break.

Ich bin überrascht, als mir im Eingangssaal des Museums kein Herr im Anzug, sondern ein Mann in Lederjacke und Kapuzenpulli entgegentritt und sich als Janusz K. vorstellt, mit dem ich verabredet bin. Ein freundlicher Bär von Mann mit Glatze und Bart, groß und mit immer freundlichem Lächeln um den Mund, wache Augen, die hinter der dicken schwarzen Hornbrille unruhig hin und her wandern. Er ist gebürtiger Tarnówer, seine Großeltern wurden zur Zwangsarbeit nach Göttingen verschleppt, wo sie sich kennenlernten, um nach Kriegsende gemeinsam nach Tarnów zurückzukehren – leider wieder nach Tarnów, er lächelt selbstironisch. Er lebte viel lieber in der Großstadt, aber er hat hier eine gute Stellung im Museum, er hat sich damit abgefunden, in Tarnów zu bleiben. Janusz K. setzt sich in einen schwarzen, tiefen Ledersessel im hinteren Teil des Cafés, schlägt die Beine übereinander und sagt, in Tarnów sei auch sonst nicht viel los, aber im November sei die Stadt einfach tot. Er lacht: Du hast dir nicht die beste Reisezeit ausgesucht.

Ich frage, ob er Chantal Akerman kennt. Er verneint. Ich erzähle von Natalja Akerman, die 1928 als Tochter des Kantors Leibel in Tarnów geboren wurde. Ihr Vater war in einer der drei Synagogen der Stadt tätig, vielleicht kann man noch herausfinden, in welcher.

Wissen Sie, sagt er, es ist alles verloren gegangen, wir haben hier keine Namensverzeichnisse, keine Gemeindebücher, keine Dokumente der jüdischen Religionsgemeinschaften, es ist nichts mehr da.

Ich frage ihn, ob er mir etwas zu den Gründen der jüdischen Emigration in den 1930er Jahren in Polen sagen kann. Ich sage, dass die Familie Leibel um 1938 aus Polen nach Brüssel emigriert ist und ich nicht genau weiß, was der Anlass war, ob es an dem veränderten politische Klima lag, das mit dem Tod des liberalen Staatschefs Josef Piłsudski einsetzte? Wie war die Situation für polnische Juden in Tarnów in den 1930er Jahren?

Ja, sehen Sie, sagt Janusz K., zu der Zeit sind viele aus Polen ausgewandert, nicht nur Juden, auch Polen, wir waren schon immer ein Auswandererland, die meisten wollten nach Amerika, das ist heute noch so. Ich glaube nicht, dass Antisemitismus ausschlaggebend war. Es haben sich im Gegenteil vorm Ersten Weltkrieg viele Juden aus Russland hier angesiedelt. Weil man hier eben friedlich leben konnte. Es flohen viele Juden vor den russischen Pogromen nach Tarnów.

Er macht eine Pause und sieht sich flüchtig nach den Leuten am Nachbartisch um, senkt die Stimme.

Wissen Sie, wir haben hier in Polen ein Problem, über Antisemitismus zu sprechen. Nachdem unser ehemaliger Direktor Adam Bartosz die jüdischen Gedenktage ins Leben gerufen hat, sagten die Leute von unserm Museum, es sei ein jüdisches Konsulat. Warst du schon im Museum?

Ich nicke.

Dann weißt du, wie absurd diese Behauptung ist.

Wir haben gerade mal eine einzige Vitrine mit jüdischen Ausstellungsstücken. Wir haben in der Stadt ja nicht gerade viel, was wir da noch zeigen können. Und die Bauten, ja, was soll ich sagen, hast du die jüdische Mikvah besucht? Bis 1990 wurde sie noch als öffentliches Bad genutzt, ich war darin in meiner Jugendzeit, als wir kein Bad in der Wohnung hatten, es war kein Schwimmbad, sondern ein öffentliches Bad, um sich zu waschen. Seit 1990 ist es in wechselnder privater Nutzung. Die meisten Unternehmungen machen nach kurzer Zeit Pleite. Die Leute hier sagen, es liegt ein Fluch auf der Mikvah, man sollte da auf keinen Fall investieren, man macht da auf jeden Fall Pleite.

Und der Wall-Street-Bull-Dance-Club?, frage ich.

Janusz K. lacht (ich weiß nicht, ob das Lachen sarkastisch oder lüstern ist), er sagt: Da scheint der Fluch gebrochen zu sein!

Er erzählt, dass zu seiner Schulzeit antisemitische Äußerungen zum Alltag gehörten, heute, sagt er, sei es das Gleiche mit den Muslimen, heute gehörten islamfeindliche Äußerungen zum Alltag, ohne dass man hier jemals Muslime getroffen hätte.

Vor zehn Jahren hätte es in der museumspädagogischen Arbeit noch Fragen gegeben wie die, ob fromme Juden Kinder umbrächten. Ungebrochen wurde die gleiche Ritualmordlegende wiedergegeben, die 1946 zum Pogrom von Kielce führte. Solche Fragen höre er heute zum Glück nicht mehr, heute gehe es im Gespräch um jüdische Kultur und dem jüdischen Leben in Polen vor 1942.

Aber Janusz K. äußert die Sorge, dass das Interesse daran wieder abnehmen werde, da der Regierungspolitik solche Erinnerungen ein Dorn im Auge seien.

Das Problem ist, sagt er, dass die PiS-Partei die Geschichtsschreibung völlig politisiere:
Sie dulden keine komplexen Zusammenhänge, lassen keine Dialektik mehr zu, alles muss schwarz

oder weiß sein, an Detailforschung sind sie nicht interessiert. Aber Zeitgeschichte ist nun einmal hochkomplex und voller Widersprüche. Wenn man die eliminiert, ist das Ergebnis reine Dummheit, und irgendwie spüren sie das auch, und das macht sie so aggressiv.

Er erzählt, dass vor zwei Wochen auf dem Tarnówer Marktplatz eine Anti-Flüchtlings-Demonstration stattgefunden habe. Natürlich ohne Flüchtlinge weit und breit. Ein Freund von ihm sei zufällig vorbeikommen, und als er hörte, wie der Redner immer wieder dumpf skandierte: REFUGEES NOT WELCOME, ging er zur Rednertribüne und rief: Was glaubt ihr denn, welcher Flüchtling gern nach Tarnów kommen will, in dieses Kaff!?

Janusz K. guckt auf die Uhr, es ist spät.

Entschuldigung, ich bin vom Thema abgekommen, du hast ja eigentlich nach den Gründen für die jüdische Emigration aus Polen in den 1930er Jahren gefragt, ich denke wirklich, dass wirtschaftliche Gründe die Hauptursache waren, das politische Klima kam noch hinzu, dass es nach Piłsudskis Tod eben sehr nationalistisch wurde, es ist sehr komplex.

Ich nicke.

Auch viele katholische Polen haben zu dieser Zeit das Land verlassen, die meisten Richtung Amerika.

Ich lächele. Ich erwähne den Film NEWS FROM HOME.

Janusz K. sagt: Polen sind schon immer nach Westen gegangen. Der Westen steht halt für die Hoffnung auf ein besseres Leben. Das zieht sich ja durch, als Traum. Und den Traum teilten Katholiken und Juden in Tarnów.

Es ist spät. Verzeihung. Ich muss los.

Auf dem Marktplatz verabschieden wir uns gerade, da kommt ein etwa 65-jähriger Mann vorbei und winkt. Ah, this is the last Jew from Tarnów!, sagt Janusz K., stellt ihn mir vor und lässt uns zwei allein auf dem Marktplatz zurück.

Jerry Bergman gibt mir die Hand und fragt mich, woher ich komme und was mich nach Tarnów führt. Jerry Bergman, the last Jew from Tarnów, ist gar nicht aus Tarnów, sondern aus Kopenhagen, aber in Tarnów geboren, 1948. Der einzige Jude, den ich in Tarnów treffe, ist zugleich der erste Mensch hier, der auf meine Frage, ob er die belgische Filmemacherin Chantal Akerman kenne, antwortet:

Of course!

Er redet aufgeregt und laut, ist von eher kleiner Statur, trägt einen eleganten schwarzen Mantel, hat dickes weißes Haar und blaue Augen, die enorm leuchten, wenn er schimpft oder sich freut. Er hat auch Janusz K. halb im Scherz aber mehr noch in echter Wut verabschiedet, indem er sich laut an mich wandte: Oh these guys don't know anything about the Jews, could he help you? I'm sure he couldn't, this man knows nothing! If you ask them about Polish history they can tell you everything, but it has to be Polish not Jewish!

Er sagt, ich verschwende hier meine Zeit, hier kenne kein Mensch Chantal Akerman. Er sagt, er müsse weiter, zu einer Verabredung. Doch er bleibt stehen und sagt: I wanted to meet her.

Wen?, frage ich. Wen wollten Sie treffen?

Chantal Akerman. I wanted to meet her and talk about Tarnów. But then she died. She comitted suicide. Er sieht mich prüfend an.

Yes. Ich weiß davon.

Ich frage Jerry Bergman, ob wir uns in den nächsten Tagen sehen können und über Tarnów und Chantal Akerman sprechen. Er gibt mir seine Karte, ich solle ihn anrufen, und weg ist er. Der Marktplatz wieder stumm.

Auf Jerry Bergmans Karte lese ich:

no name
no photo
no phone
no fax
no e-mail
no car
no camera
no worries
no money

just a little bit tired

Janusz K., der Historiker, sprach über die jüdische Geschichte Tarnóws fast durchgängig mit konspirativ gesenkter Stimme, hier und da flüsternd. Jerry B., der polnisch-jüdische Emigrant und gebürtige Tarnówer, dagegen rief alle Worte mit Nachdruck heraus. Kein Wort schien ihm laut genug. Das Schlimmste schien ihm zu sein, wenn eines seiner Worte unterginge oder ungehört bliebe. Keiner spricht in Tarnów so laut über die Ausrottung der Juden und den anhaltenden Antisemitismus wie er. Provozierend laut, bis an die Schmerzgrenze laut, während der andere so leise spricht, dass ich mich weit vorbeugen muss, um zu verstehen, was er über die jüdische Geschichte sagt.

Folge ich der Annahme von Janusz K., dass allein wirtschaftliche Gründe den Ausschlag zur Emigration gaben, und zwar unabhängig von der Religion, so würde ich von der Familie Leibel und Akerman sagen, dass sie Polen Richtung Westen verließen, um ihre wirtschaftliche Situation zu verbessern. Sie würden damit zur Gruppe jener gehören, die heute abfällig als Wirtschaftsflüchtlinge bezeichnet werden, als wäre es ein Vergehen, aus einer wirtschaftlichen Notsituation fliehen und sein Schicksal selbst in die Hand nehmen zu wollen. Darüber hinaus verschweigt das Stigma, wer verantwortlich ist für die wirtschaftliche Not, die Menschen in bestimmten Gegenden heimsucht.

Ich erfahre später aus einer Studie der israelischen Historikerin Yfaat Weiss über die Situation der Juden im nationalistischen Polen in den 1930er Jahren, dass die polnische Regierung im Zuge einer »Polonisierung der Wirtschaft« Wirtschaftsboykotte gegen Juden ebenso stillschweigend toleriert hat wie neu aufgenommene »Arierparagraphen« in zahlreichen Berufsverbänden.

Ich stutze: Warum hat mein Gesprächspartner vom Museum die systematischen wirtschaftlichen Einschränkungen gegenüber Juden in den 1930er Jahren unerwähnt gelassen?

Wie freiwillig war also die Emigration der Familien Leibel und Akerman in den Westen?

Was bedeutet der Verlust der vertrauten Lebenswelt, und wie lässt sich all das vom allgegenwärtigen und bedrohlichen Antisemitismus der 1930er Jahre trennen?

Bot der Westen Zuflucht und Chancen auf ein »besseres Leben«?

Wie euphemistisch klingt das Wort Chance, bedenkt man die Kosten. Der Westen kostet die etwas, die in ihm ankommen, auch wenn er bedingt durch Krieg oder Verfolgung ihre Rettung sein kann.

Erbittert schreibt Joseph Roth in seinem Essay »Juden auf Wanderschaft« von 1928: »Die Emigranten assimilieren sich – leider! – nicht zu langsam, wie man ihnen vorwirft, sondern viel zu rasch an unsere traurigen Lebensbedingungen.«

Mitten in ihre Arbeit an D'EST hinein erreichte Chantal Akerman die Nachricht vom Sterben ihres Vaters. Die Arbeit »Vom Osten«, wird unversehens wieder mit ihrer Familie aus dem Osten verknüpft, kollabiert plötzlich und schmerzhaft. Sie beschreibt die Szene in ihrem Buch *Une famille à Bruxelles* aus der Perspektive ihrer Mutter:

»Als er zum ersten Mal krank wurde, haben wir ihn schnell ins Krankenhaus gebracht und seine Tochter aus Ménilmontant befand sich zu dem Zeitpunkt nicht mal in Ménilmontant, sie reiste durch Osteuropa, wo er

niemals mehr seinen Fuß hingesetzt hat, seit er es als Kind verlassen hat.«

Bei der Tochter aus dem Pariser Stadtteil Ménilmontant, die zur Zeit seiner Einlieferung in Osteuropa dreht, handelt es sich natürlich um sie selbst. Als er das nächste Mal krank wird, erreicht sie nur noch die Nachricht seines Todes.

Wenn sie den Film HISTOIRES D'AMÉRIQUE mit einer Beschreibung der vielen Löcher in ihrer Familie einführt, der sie nur mehr die eigene zerlöcherte Geschichte beifüge, da sie »nicht einmal Kinder« habe, dann klingt aus der Ferne auch die Stimme ihres Vaters durch, der, wie es in *Une famille a Bruxelles* heißt, nicht verstehen konnte, weshalb seine ältere Tochter nie geheiratet und keine Kinder bekommen habe, warum sie so wenig Interesse an der Weitergabe jüdischer Tradition habe. Dein Vater würde sich so freuen, sagt Ida in LES RENDEZ-VOUS D'ANNA zu Anna, beim Versuch, sie zur Hochzeit mit ihrem Sohn zu bewegen.

Dass sie als Filmemacherin eine andere und *eigene* Art der Tradierung von Familiengeschichte und verlorener jüdischer Welt gefunden hat, fällt bei der Verwandtschaft wie auch bei ihr selbst tragischerweise kaum ins Gewicht. In ihrem bereits oft zitierten Poem (»Marcher à côté ...«) schreibt sie:

»Merkwürdigerweise hat dieser Film (HISTOIRES D'AMÉRIQUE, Anm. TRV) Vater am meisten mitgenommen und dabei hat er gesagt,
wen interessiert das schon.
Und außerdem ...
Ich habe ihm gesagt, was soll's, ich habe
den Film für dich gemacht, Papa.
Für mich? Und er hat ein bisschen gelächelt.«

HISTOIRES D'AMÉRIQUE handelt von jüdischen Immigrant•innen in New York. Oft mit Wurzeln in Polen. Fiktive Einwandererbiografien der ersten Generation des Holocaust,

Überlebendenbiografien. Sie sprechen en face in die Kamera. Ihre harten Erzählungen stehen im Kontrast zur entrückten Festkulisse bei Nacht. Und auch zur Fülle jüdischer Witze und bühnenhafter Slapstickeinlagen.

Salcia Landmanns Studie zur Geschichte des jüdischen Witzes beobachtet diesen in unauflösbarer Beziehung zu einem permanent durch Verfolgung und extreme Unsicherheit bedrohten Leben. Die Tragödie war und ist ohnehin da, man muss sie nicht noch als solche erzählen. Der Schmerz wird stillschweigend bagatellisiert, man weiß um ihn, beim Erzählen geht es aber ums Überleben und nicht um erzählerischen Selbstmord, der hinter dem abgründigen Schmerz liegt. Es geht darum, die Klage zu beherrschen und weiterzuleben.

In Chantal Akermans HISTOIRES D'AMÉRIQUE existiert beides neben- oder sogar ineinander verwoben: die Tragödie des Holocaust, ein Schmerz, den sie als Angehörige der zweiten Generation unmöglich weiter verschweigen kann, dessen Artikulation im Gegenteil zu ihrem Weiterleben entscheidend dazugehört. Eine Erlösung oder Befreiung bringt das Hinsehen und Ansehen des Schmerzes aber auch nicht. In diese Lücke springt der Witz, im Bewusstsein seiner Bedeutung von Lücke und Verlust.

Es ist vielleicht auch ein Film über den jüdischen Witz nach dem Holocaust. Die Gabe, tausend Dinge gleichzeitig zu denken und eine körperliche, seelische und philosophische Dimension zu erfassen, die genau zwischen dem Bekannten zu liegen scheint, kommt in Chantal Akermans »jüdischstem Film« fulminant unfulminant zum Ausdruck. Und von solcher Intelligenz und Schönheit, dass es wieder schmerzt, dass gerade dieser Film so unbekannt ist.

Als sie mir vor Tagen zum ersten Mal den Kaffee brachte, der hin und her schaukelte, bis er schließlich mit einer

Welle über den Rand schwappte, sagte ich der Kellnerin, dass mir das ständig passiere, obwohl mir mein Sohn jedes Mal sage, ich solle aufpassen, dass ich nicht so viel Milch nehme. Die Kellnerin sieht mich an, nicht unfreundlich, aber klarstellend: Ihr passiere so etwas nie. Und seither, seit drei Tagen nun, hat sie jedes Mal den Kaffee, den sie mir brachte, verschüttet, und nach jedem Mal lacht sie lauter und ungläubig über sich.

Sie ist dünn und hübsch, Mitte vierzig, vielleicht auch älter, mit einer verrauchten tiefen Stimme und einem breiten Mund, der viel und ungeniert lächelt. Sie hat eine Mädchenfrisur, mit einem geraden Pony über der Stirn und seitlich lang herunterfallenden Haaren. Dunkel gefärbt und mit leichtem Rotstich. Auch ihr Kleidungsstil ist jugendlich, ihre Haltung oft lasziv. Sie erinnert an die Sängerin Cher, die ganze Erscheinung, eine sympathische Sichtbarkeit von Lust und Launen.

Sie nähert sich nun schon immer mit einem ironischen Lächeln, Coffee again?, und fragt als nächstes, ob ich heute kleinen oder großen Hunger hätte.

Heute haben wir polnische Augensuppe, Zurek,
sagt sie, sehr lecker.

Sorry?

Sie horcht ihrem Satz nach, fängt an zu lachen und
schreit auf: Jesus! Eggs I mean! A traditional
Polish soup with sausages and eggs, oh my God,
I promise you: no eyes inside!

Keine fünf Minuten später steht ein dampfender Teller vor mir, mit blinzelnden Eidottern.

Die warme Augensuppe von Tarnów. Seit gestern schlürfe ich sie. Die lange Fastenzeit davor muss ich blind gewesen sein.

Ich hatte vor, auf dieser Reise eine Kamera zu werden. Ich kam nach Tarnów, um zu sehen, mich umzusehen, selbst nichts als aufzunehmen, ganz Auge zu werden, um noch das Kleinste und Unscheinbarste zu sehen. Im Grunde wollte ich das Unmögliche, das Unsichtbare sehen:

Schatten sehen, die nicht mehr da sind. Schatten von Schatten. Schatten, die nicht das Negativ eines verbrannten Steins, einer verbrannten Stadt zeigen, wie die Schatten Hiroshimas, mit deren Zeichen Chantal Akerman 2009 in einer Installation arbeitete, sondern Schatten von Vergessenem.

Ich suche in Tarnów nach Spuren, die längst verwischt sind, das wird mir mit einem Mal klar. Und auch das: Als Kamera ist meine Linse unberechenbar und mein Objektiv schwankend.

Die Blende scheint heute offener. Was mit einem Verlust des Schärfegrads einhergeht. Offene Blende und Tiefenschärfe schließen einander aus. Technisch. Und körperlich. Es gibt die scharfgestellte, distanzierte Betrachtung oder die überschwängliche Hingabe, ohne Kritik, fast ohne Wissen, wo der Körper eine einzige Neugier ist. Ich kann mich nicht entscheiden. Es ist ein permanentes Drehen an der Blende, eine stetig nervöse Verringerung oder Vergrößerung des Abstands zu den Dingen und Personen, die ich ansehe, unfähig, irgendeine allgemeine Aussage über die Sinnfälligkeit oder Unsinnigkeit des richtigen Abstands einer Fotografin zu ihrem Objekt treffen zu können.

Sie kommt erneut mit einer bis zum Rand gefüllten Kaffeetasse an meinen Tisch, verlangsamt ihren Schritt, setzt die Tasse flink vor mir ab, als wär's ein Zaubertrick, und in der Tat bleibt die cremige Haube auf dem Kaffee fast ohne eine Welle zu schlagen in der Tasse, die Kellnerin raunt ein Yes!, sieht mich an, lächelt, da habe ich plötzlich, wie aus dem Nichts, das Bedürfnis sie zu fragen, ob sie bei der Wahl vor einem Jahr die rechte PiS-Partei, »Recht und Gerechtigkeit«, gewählt habe. In Tarnów hat die Partei knapp 52 Prozent der Stimmen erhalten, dazu kamen weitere zehn Prozent fast, die an die rechtsextreme Kukiz-Bewegung des ehemaligen Rocksängers Pawel Kukiz gingen, was eine rechte Wählerschaft in der Stadt von über sechzig Prozent

bedeutet. Ich muss wohl, ohne es zu merken, die Stirn gerunzelt haben, jedenfalls ist auch das Lächeln im Gesicht der Kellnerin verschwunden, sie sieht mich skeptisch an, fragend, vielleicht nur ebenso wie ich sie. Ihr Blick ist unfreundlich, wie meine heimliche Frage, unheimliche Frage, die sich nicht herauswagt aus Furcht vor der möglichen Antwort: Ja, hab sie gewählt, na und? Man wählt jetzt halt rechts.

Ich ärgere mich, dass ich gerade bei ihrem freudigen Lächeln über das Kaffeetassenspiel an ihre Stimme als Wählerin denken musste (an ihren Stimmzettel und ihre Hand, wie sie das Kreuz macht), und ich wünschte, jetzt wo sie sich leicht achselzuckend abwendet, mir wären diese Gedanken nicht gekommen, die unangenehm sichtbar wurden wie eine Schwellung am Auge.

Auge, Augensuppe! Der Blick buddelt in Windeseile ein tiefes Loch in den Kopf, und heraus sprudelt ein Gedankensekret, das ich lieber verborgen hätte.

Wie schonungslos ein Blick sein kann, ganz entgegen dem Hang zur Schönfärberei und Harmoniesucht, sehnsüchtig sehe ich der Kellnerin hinterher.

LÀ-BAS

(2006)

KAPITEL V

Produktionsgesellschaft:
AMIP (Paris), PARADISE FILMS (Brüssel),
LE FRESNOY (Tourcoing)

Drehbuch: CHANTAL AKERMAN

Produzenten: XAVIER CARNIAUX, MARILYN WATELET

Kamera: CHANTAL AKERMAN, ROBERT FENZ

Ton: THOMAS GAUDER

Schnitt: CLAIRE ATHERTON

Darstellerin: CHANTAL AKERMAN (Erzählerin)

16 MM, FARBE, 78 MIN

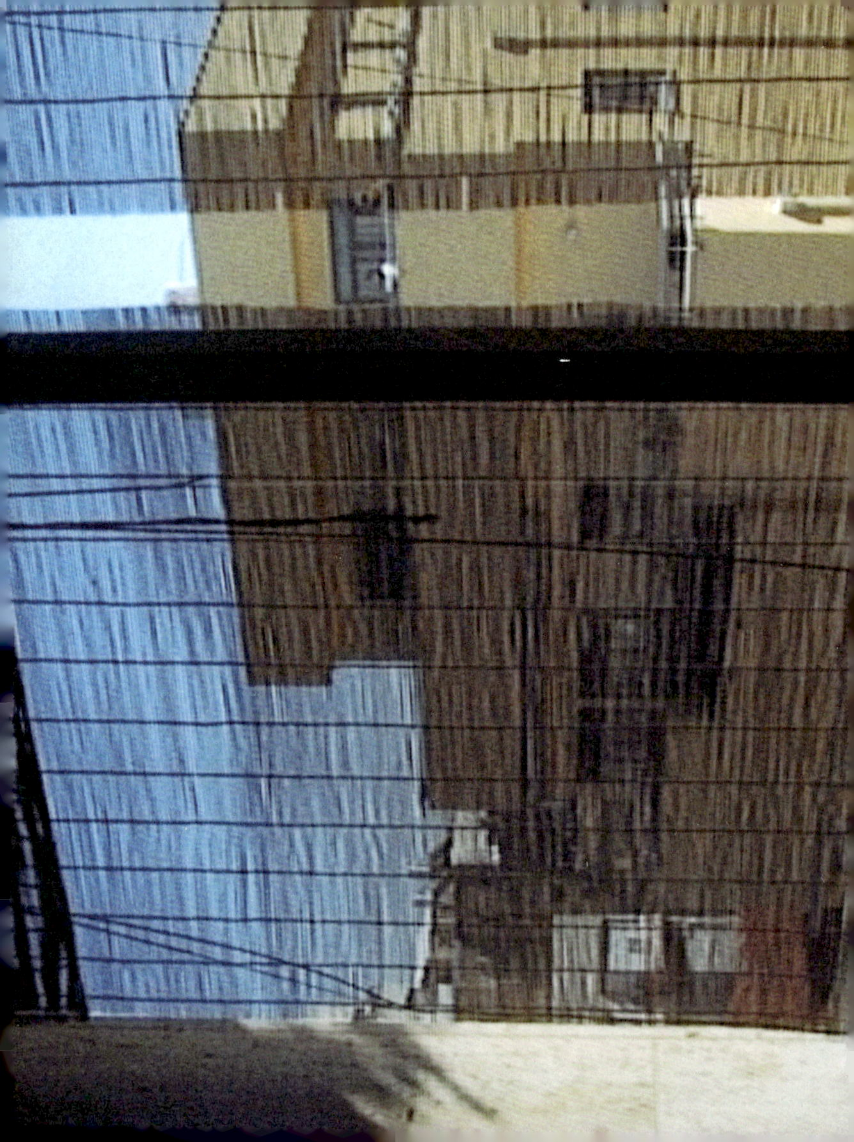

»Für den Juden der Diaspora bedeutet das *Vaterland* immer Götzendienst, sei es das der ›hysterischen‹ preußischen Stiefel (Roth), sei es das der amerikanischen Wolkenkratzer; in den Mühsalen der Exilgeschichte gibt es nur Zuflucht in einer *Heimat* der anhänglichen Zuneigungen und Gefühle: in einer *Mutterheimat*, um das Wort der jüdischen Dichterin Else Lasker-Schüler zu gebrauchen, das, nach Giuliano Baioni … ›eigentlich sagen will, dass die Mutter das Vaterland ist, die Zuflucht, das Heim, das verlorene Territorium‹«

Das Zitat aus Claudio Magris' Buch *Weit von wo. Verlorene Welt des Ostjudentums* passt auf das gesamte Werk Chantal Akermans. In LÀ-BAS (dt.: Da unten), ihrem einzigen Israel-Film, kollabiert schließlich die Frage nach Exil und Mutterheimat.

Der Film spielt nicht, sondern ereignet sich in einem Appartement in Tel Aviv. Die Geschichte des Films ist die Geschichte ihres Aufenthalts in Tel Aviv, genauer gesagt: ihres Aufenthalts in einem Appartement in Tel Aviv, das sie für den Film nur ein einziges Mal verlässt, der ganze Film findet wieder auf engstem Raum statt. Dargestellt wird die Geschichte von einem Körper, den wir nur einmal dunkel und schemenhaft im Spiegel erkennen, dessen Stimme jedoch in regelmäßigen Abständen immer wieder zu hören ist. Dort spielt sich alles ab: in der Stimme und im Kopf.

Im Jahr 2006, fast vierzig Jahre nach ihrem Debüt SAUTE MA VILLE, in dem sie sich in der Küche ihrer Eltern in die Luft sprengt, finden wir uns mit ihr erneut im Gefängnis eines Zimmers wieder.

Das Kameraauge sieht aus dem Fenster. Das Fenster ist die Öffnung nach draußen. Draußen ist Tel Aviv, Israel, der jüdische Staat. Drinnen ist Chantal Akerman.

An der Öffnung ist Wind. Das Kameraauge sieht, wie der Wind die Jalousien bewegt. Ein durch die Bambus-Lamellen schraffierter Blick auf die Öffnungen der Nachbarhäuser. Auf Fenster, Balkons und Terrassen.

Wir sehen vielleicht Angestellte eines Restaurants bei der Zigarettenpause, jedenfalls tragen sie weiße Kittel und rauchen und unterhalten sich.

Schräg über ihnen eine ältere Frau, die unbeweglich auf der Terrasse sitzt, bis ein älterer Mann kommt, ihr Mann oder Partner, wie man annehmen kann, der herumzuwerkeln beginnt, und die Frau ihr Glas hebt und zum Mund führt.

Das Telefon klingelt in unmittelbarer Nähe.
Wir hören Chantal Akermans dunkle und weiche Stimme:

> Non, ça va. Je t'assure, non non, je me remets.
> Nein, alles in Ordnung, ich versichere dir, nein,
> ich komme wieder zu Kräften. Sie legt auf.

Der ältere Mann auf der Terrasse gegenüber rückt einen großen Blumenkübel von einer Stelle zur nächsten.
Die Frau reibt ihr Gesicht (vielleicht mit Sonnencreme).

> Zeit vergeht.

Chantal Akerman beginnt zu sprechen.
Wir hören sie über den Suizid der Mutter von Amos Oz und den Suizid ihrer Tante Ruth sprechen.

»Why did Amos' mother commit suicide in Tel Aviv on a rainy day? Around the same time my aunt Ruth commited suicide on a pale sunny day in Brussels. Suicide happens everywhere. Was it for both of them a sort of exile wherever they were? Women who dreamed of something. Of what? They probably didn't know. But they couldn't sleep anymore, neither in Brussels nor in Jerusalem.«

Ihre Tante Ruth, sagt sie, hat die deutsche Besatzung in einem belgischen Kloster überlebt. Danach wollte sie zum Christentum konvertieren, aber Chantals Großvater

Jona, Jona Akerman aus Kazimierz, Nachfahr des chassidischen Rabbis von Belz, erlaubte es nicht.

Blauer Himmel, durch das Rollo grau schraffiert und von einem hellen, kubischen Wohnhaus in horizontalen und diagonalen Linien begrenzt ... Ein Luftzug bewegt die Rollos aufs Fenster zu und wieder weg: die einzige Regung.

Zeit vergeht.

Wir hören ihr Tippen. Sie schreibt.

Zeit vergeht.

Die Zeit einer Chantal Akerman. Die Zeit einer Familie und ihrer Geschichte und der Geschichte der anderen. Zeit, die vorbeizieht und die Chantal Akerman konzentriert ziehen lässt. So wie sie in NEWS FROM HOME Gesichter und Körper von Nahem oder aus der Ferne aufnimmt und sie ebenso respektvoll wieder loslässt; das Kameraauge von Chantal Akerman lässt Menschen und Zeit konkret und minutiös vorbeiziehen.

Zeit, in der scheinbar nichts passiert.
Die aber voll ist mit umherziehenden,
ganze Landschaften durchquerenden Fragen.

In den schmalen vertikalen Spalt zwischen zwei Bambus-Rollos treten zwei ältere Leute, ein großer Mann mit vorgewölbtem Bauch und eine kleine Frau mit Strickjacke, sie treten auf ihren schmalen Balkon, der gerade den beiden Körpern nebeneinanderstehend Platz gewährt. Sie schweigen, sehen runter auf die Straße, der Mann gibt Kommentare ab, sie schweigen, dann sieht es aus, als würden sie etwas verhandeln. Dann Chantal Akermans Stimme:

»I don't feel like I belong and that's without real pain without pride. Pride happens, no, I am just disconnected from practically everything. I have a few anchors and sometimes I let them go or they let me go and I drift. That's most of the time. Sometimes I hang on for a few days, minutes, seconds, then I let go again. I can hardly look, I can hardly hear, semi-blind, semi-deaf I float. Sometimes I sink but not quite. Something sometimes for detail brings me back to the surface and I start floating again. I feel so disconnected that I can't even have a house with bread, butter, coffee, milk, toilet paper, and when I buy some it feels like a heroic act. Basically, I don't know how to live.«

Die Nähe zum Tod wird einige Jahre später in ihrem Buch *Ma mère rit* und ihrem letzten Film NO HOME MOVIE, der in der israelischen Wüste und in der Wohnung ihrer sterbenskranken Mutter spielt, erneut aufscheinen und sich noch einmal drastisch verstärken.

Erschöpfung, Angst und Panik scheinen mir auf den ersten Blick nicht vereinbar mit dem außergewöhnlichen Schaffensdrang und der Vitalität ihrer Filme wie ihrer kompromisslosen Arbeitsweise. Woher nahm sie die Kraft, solch große Filme wie JEANNE DIELMAN, D'EST, LA CAPTIVE, SUD oder LA FOLIE ALMAYER zu drehen?

Angesichts der schlechten Bedingungen, unter denen sie ihre Arbeit begann – der Mittellosigkeit, der noch selbstverständlichen Benachteiligung und Geringschätzung als Frau und nicht zuletzt aufgrund der harten Last durch ihre Familiengeschichte –, schiene es im Rückblick viel wahrscheinlicher, wenn ihr nach den ersten Arbeiten der Atem ausgegangen wäre, wenn sie nach ihrem Meisterwerk JEANNE DIELMAN, mit dem sich die 24-Jährige selbst überraschte, vor ihrem ungeheuerlichen Talent zurückgeschreckt wäre, spätestens aber mit dem Ausbruch ihrer manisch-depressiven Erkrankung Mitte der 1980er Jahre das Filmemachen aufgegeben hätte. Hat sie aber nicht. Im Gegenteil, sie hat auch in

den 1980er, 1990er und 2000er Jahren genauso konzentriert weitergearbeitet. Und künstlerisch stets das gemacht, worauf sie Lust hatte, inhaltlich wie ästhetisch. Die Angst floss mit ein in die Arbeit und macht diese, durch die Offenheit, mit der sie sie einflocht, nur radikaler.

Bei Virginia Woolf heißt es auf die Frage nach dem Ursprung der erstaunlichen Schaffenskraft einer Frau, die unter widrigen Umständen produziert, schlicht und vornehm: The force of her own gift alone drove her to it. Allein die Kraft ihrer Begabung trieb sie dazu. Und dazu womöglich Hunderte Jahre angestauter Energie durch Unterdrückung vorheriger Frauengenerationen.

In Chantal Akermans Interview-Material finde ich aber noch eine andere Spur, die mich wieder zu ihrer Mutter zurückführt, im Gespräch mit Serge Kaganski sagt sie 2004:

»In meiner Geschichte gibt es daher ein Loch. Wenn ich früher geglaubt hatte, an ihrer Stelle sprechen zu können, ging es auch darum, dieses Loch vielleicht zuzubekommen, was aber ganz unmöglich ist – eine reine Sisyphos-Arbeit! Doch hat mich all das zum Arbeiten gebracht.«

Und mit einem Mal eine Außenaufnahme: das Rauschen des Meeres, blauer Abendhimmel, die Wellen brechen sich am kleinen Riff und kommen einzeln über den Sand gespült. Leute spazieren am abendlichen Strand, laufen, rennen, sehen aufs Meer.

Ein orthodoxes Ehepaar, er schwarz gekleidet mit Hut und Schläfenlocken, sie ebenfalls im dunklen langen Rock mit heller Strickjacke und Kopfbedeckung, spaziert mit seinen drei kleinen Kindern den Strand entlang.

Die weiche, dunkle Filmstimme Akermans spricht von Israel, dem man ohne Distanz gegenübertreten solle, sie berichtet von der Passkontrolle am Flughafen und vom gelben Stern, den sie nicht los wird, der in sie eingeschrieben ist, den sie *in sich* trägt.

Die Kamera am geöffneten Fenster, sieht in den Nachthimmel von Tel Aviv. Dröhnender Krach und auf das Krachen folgen sofort die Blitze der Jagdflugzeuge, sie schießen über die Finsternis hinweg kreuz und quer, ein von Fliegern zerschnittener Nachthimmel, gefolgt vom Zischen und Sirren der Schallwellen. Die Kamera versucht, *einer* Spur zu folgen, und gerät außer sich, verwackelt, folgt dem Zischen, folgt der Irre. Schwindel, Ohnmacht, Krach eines Krieges. Zitternder Unfrieden in der Kamera.

We'll have to look Israel straight on, without reservation or procrastination.

1984, als sie zum ersten Mal psychisch erkrankte, erzählt sie rückblickend in einem Interview, sei sie barfuß durch Paris gelaufen, habe im Büro von Amnesty International angerufen und verlangt, dass man 10.000 sozialistische Juden nach Israel holen solle, damit sie dort eine neue Regierung bilden und Frieden schaffen.

Als sie zwanzig Jahre später an der Universität von Tel Aviv ein Seminar gibt und ihr Produzent Xavier Carniaux sie ermuntert, nun auch in Israel einen Film zu drehen, lehnt sie entschieden ab. Ihr Verhältnis zu Israel sei schlichtweg zu kompliziert.

In dem Pyjama-Interview, in welchem sie von ihrem wahnsinnig gewordenen Wunsch nach einem sozialistischen, friedlichen Israel erzählt, ermahnt sie sich selbst und alle anderen Israel-Kritiker:

Aber ich habe nie dort unten gelebt; die Israelis müssen selbst wissen, was sie tun, nicht wir, die wir hier in Sicherheit leben – zur Zeit jedenfalls.

In einem anderen Interview, von 2004, geht es um die Kontinuität des Antisemitismus in der europäischen Linken. Sie erzählt, wie sie immer wieder von freundlichen Leuten, meist aufrechten sympathischen Linken, gesagt bekomme, dass die Juden mit den Arabern ja

nun das gleiche täten, wie die Deutschen damals mit den Juden, worauf sie versuche ironisch zu antworten: Jetzt ist es aber an der Zeit für mich, die Koffer zu packen!

Chantal Akerman hat es für sich ausgeschlossen, jemals einen Film in oder über Israel zu drehen. Und drehte ihn dann doch: LÀ-BAS. Was ihre Haltung änderte, war der Aussage einer ihr nahestehenden Person zufolge das Licht, ein bestimmtes Licht, dem sie nicht widerstehen konnte ... das den Raum vielleicht gerade in ausreichend Dunkelheit tauchte und noch ausreichend schwindendes Sonnenlicht bereithielt, dass es in diesem Spalt möglich wurde, ihre Gedanken und Fragen zu Israel abzubilden.

Ich habe LÀ-BAS gesehen und rufe Jerry Bergman an. Wir treffen uns im Café am Marktplatz.

Auf dem Weg denke ich über das titelgebende Wort là-bas nach und erinnere mich, dass das Wort auch in ihren Büchern stets als Synonym entweder für Israel steht – oder aber für Polen und die Lager. Die imaginäre Stimme ihrer Mutter spricht in Chantal Akermans Buch *Une famille à Bruxelles* von der armen Cousine mit ihrer verrückten Tochter, dort unten, in Israel, oder von dem Grauen, das da drüben, in Polen, stattfand.

Die Verwandtschaft zwischen Polen und Israel vermittels der jüdischen Geschichte des Exils und der Geschichte des Holocaust kommt in diesem einen Wort zum Ausdruck – beide Länder werden bei Chantal Akerman in ein beziehungsreiches là-bas gesetzt.

Ich bin in Tarnów, jenem Israel gegenüber befindlichen là-bas, dem anderen Unten, Hinten, Drüben Chantal Akermans, 150 Kilometer östlich von Auschwitz-Birkenau, 200 Kilometer westlich von Bełżec. Als hätten sie die Nachkriegsgeschichte vorausgesehen, haben die Nazis die Vernichtungslager in Polen errichtet. Sollte man dort damit fertig werden. In Deutschland konnte die Entfernung als Vorwand dienen: Wir wussten ja nicht, was

»dort« vor sich ging. Zahlreiche Aussagen widerlegen diese Behauptung, und dennoch hält sie sich hartnäckig in deutschen Familien. Eine homosexuelle Frau wurde nach einer Denunziation 1942 von ihrem Vater zum Gesundheitsamt begleitet und schildert Jahrzehnte später, wie sie den Satz ihres Vaters vor dem Gesundheitsamt einfach nicht verstehen konnte. Ihr Vater sagte: Solche Leute gehören alle vergast. Sie konnte nicht verstehen, dass er so sprechen konnte, wo es in seiner Familie so viele Homosexuelle gab. Und mir ist unbegreiflich, wie lapidar die gegenwärtige Vernichtungspraxis erwähnt und als verständliches Drohmittel eingesetzt werden konnte.

Er sagt, es trifft sich gut, er wolle gerade zum Grab seines Vaters, und überhaupt könne er mir auf dem jüdischen Friedhof allerhand Dinge zeigen. Jerry Bergman fragt, wie viel Zeit ich habe und ist mit der Antwort zufrieden.

Wir gehen zu Fuß durch die Stadt, er läuft schnell. Er ist ruhiger heute als gestern. Er sagt, er freue sich, in Gesellschaft zu sein. Er spricht ununterbrochen, leise, zugewandt, er erzählt. Er beantwortet meine Fragen. Er trägt seinen dunklen langen Mantel von gestern und einen leuchtend blauen Schal. Er hat das gleiche vor spontanen Regungen leuchtende Gesicht.

Er sagt: I am glad there's no wi-fi in my hotel. Here in Tarnów I am so far away from everything. I didn't even hear who became president of the US. – So I rather don't tell you, sage ich. – Why? Is it Donald Trump? But that's fine! Really you tell me good news. Ich sehe ihn an, er blinzelt, das war kein Witz, es ist sein Standpunkt.

Am Friedhofstor zieht er eine blau-weiße Kippa aus seiner Manteltasche und setzt sie sich auf den Kopf. Zwei Friedhofsgärtner kommen aus dem ehemaligen Haus zur Leichenwaschung auf uns zu: ein etwa vierzigjähriger Mann in Armeehosen und militärisch kurz geschnittenem Haar und eine kleine, etwas ältere Frau

mit aufgedunsenem Gesicht. Jerry begrüßt die beiden von weitem und fragt mich, ob ich wusste, dass Gefängnisinsassen von Tarnów den jüdischen Friedhof pflegen. Ich höre ihn jetzt zum ersten Mal in seiner Muttersprache sprechen und sehe, wie vertraut und wohlig er sich in dieser Sprache mit den anderen bewegt. Der Mann in Armeehosen läuft mit uns mit, die Männer lachen und reden freundlich und interessiert miteinander.

Wir stehen zu dritt am Grab seines Vaters, Jerry Bergman, der Mann in Armeehosen und ich. Der Stein liegt flach auf der Erde, hat überall Risse, durch die das Gras mit erstem Wurzelwerk sich ausbreitet. Der Name Aaron Bergman ist eingeritzt und das Jahr seines Todes: 1983 in Tarnów.

Wo ist seine Mutter?

Sie ging nach dem Tod ihres Mannes zurück nach Krakau, wo ihre Familie herkam.

Jerry selbst wurde 1948 in Tarnów geboren. Sein Vater Aaron war 1939 vor den Nazis nach Russland geflohen. Er ließ seine erste Frau zurück, sie wollte Tarnów nicht verlassen. Sie kam um. Entweder auf dem Marktplatz, dem jüdischen Friedhof oder dem Wald von Buczyna. Oder sie wurde ins Vernichtungslager Bełżec gebracht und dort vergast, gemeinsam mit Jerrys Großeltern. Zehn Jahre vor seiner Geburt lebten in Tarnów über 25.000 Juden. Als er hier zur Welt kam, waren es ganze neun, die in einem Versteck überlebt hatten. Ein paar Hundert kehrten aus dem Exil zurück, die meisten blieben nicht lang. Wenige wollten ihre Kinder dort zur Schule schicken, wo über die Ermordung der halben Stadt geschwiegen wurde. Jerrys Eltern und ein paar andere bemühten sich um den Wiederaufbau jüdischen Lebens in Tarnów. Die Stadt hatte zuvor drei Synagogen für die unterschiedlichen religiösen Ausprägungen: orthodox, chassidisch, reformiert, sie hatte mehrere jüdische Schulen. Nun war er in seiner Schule in den 1950er Jahren der einzige Jude.

You can imagine, sagt Jerry und lächelt, you can imagine how it was.

Yes. Ich schüttele den Kopf. Ich habe eine Ahnung.

Es hat niemand darüber gesprochen?

Er zuckt mit den Schultern. Und dann blitzt es wieder durch seine Augen, und er ruft: Yes! They did talk! They talked about what happened *to them*. But they didn't talk about the Jews.

Das hier ist eine billige Zementmischung, sagt er jetzt über den Grabstein seines Vaters,

noch zehn Jahre, und du kannst seinen Namen nicht mehr entziffern. Ich muss einen neuen Stein für meinen Vater besorgen, sagt er. Ich muss mich *jetzt* darum kümmern, dieses Jahr oder nächstes, bevor etwas dazwischenkommt und es nicht mehr geht. Er spricht von seiner Gesundheit, seinem Alter. Guck, sagt er, in den 1980ern gab es keine guten Steine, an Marmor war nicht zu denken. Man musste nehmen, was es gab.

Er zeigt dem kahlgeschorenen Mann in Armeehosen, was gärtnerisch an dem Grab zu tun ist und sagt dann zu mir: Komm, ich will dir noch andere Gräber zeigen. Er holt Zigaretten heraus, bietet mir eine an, ich zögere, weil wir auf dem Friedhof sind, er bittet mich wortlos, denn zu zweit rauchen ist angenehmer. Er sagt, er rauche sonst nicht. Nur hier, in Tarnów, kaufe er sich aus Nervosität gleich nach Ankunft am Bahnhof sofort eine Schachtel Zigaretten. Ich frage ihn, wann er Polen verlassen habe, um nach Kopenhagen zu gehen. 1968, sagt er und fragt, ob ich von der antisemitischen Kampagne schon mal gehört habe, in deren Zuge über 20.000 polnische Juden das Land verlassen haben.

Ein- oder zweimal im Jahr komme er nach Tarnów und sei für die Zeit seines Aufenthalts starker Raucher. Er lacht und zeigt auf die stäbchendünnen Mentholzigaretten, das reine Alibi, man könnte genauso gut Kaugummi rauchen!

Ich frage ihn nach dem Gespräch mit dem Häftlingsgärtner und sage, dass ich den Eindruck hatte, dass sie sich gut unterhalten hätten. Ja, das war ein netter Kerl, sagt er, und, sehr genau spürend worauf ich hinauswill: Ich komme gut mit den Leuten aus. Die meisten sind sehr freundlich. Wir dürfen nur nicht über das Verschwinden der Juden reden.

Er zuckt mit den Schultern und schweigt.Dann folgt eine Tirade voller Verbitterung über Dummheit, polnischen Nationalismus und die Kirche.

Ha! Er bleibt vor einem Grab stehen und lacht plötzlich. Der hier war ein Schlachter, ein lustiger Typ, mit solchen Händen! Jerry spreizt die Finger und deutet große Pratzen an. Ein koscherer Schlachter? Nun ja, sagt er, bis zum Krieg koscher, ja, danach einfach nur Schlachter, Schlachter für die Katholiken, koscheres Fleisch konnte man nach dem Holocaust in Polen nicht mehr verkaufen.

Oh, hier und der, er zeigt auf ein anderes Grab, der hat immer dreckige Witze erzählt. Er sieht mich herausfordernd an, mit Schalk in den Augen: Also, für Frauen war er nicht so angenehm. Dann erzählt er, wie er als Kind von seinem Vater ständig herbeigezerrt wurde, wenn ihnen ein zehnter Mann zum Gebet fehlte, und der fehlte oft.

Er stockt im Reden, ein englisches Wort will ihm nicht einfallen. Er entschuldigt sich. Er sagt, er sei sonst nicht so vergesslich. Die Ärztin habe gesagt, es könne sein, dass seine Konzentrationsfähigkeit unter den Medikamenten leide. Er nimmt etwas zur Beruhigung, ebenfalls nur in Tarnów. In Dänemark sei er kerngesund. Er denkt laut darüber nach, dass die medikamentöse Verringerung seiner Nervosität zugleich sein Erinnerungsvermögen senke. Als sei das eine ohne das andere nicht möglich. Die Nervosität hängt an der Erinnerung. Ausgeglichenheit heißt dann Amnesie? Das ist beunruhigend, ruft er, oder nicht?!

Wir verlassen den Friedhof, laufen die laute Straße zurück in das ehemals jüdische Grabówka-Viertel und sprechen nicht mehr über Trump und nicht über Tarnów, sondern über Chantal Akerman.

Wir erreichen eine kurze Gasse mit alten zwei- bis dreistöckigen Wohnhäusern. Jerry will mir ein Haus zeigen, die Nummer 6, ulica Sienna 6, genauer gesagt eine Tür.

Hier ist sie, sagt er, und bleibt stehen:
Das ist die Tür, die Tarnóws Ehre gerettet hat. Nicht Menschen waren es, nicht etwa zu Hilfe kommende Einwohner•innen der Stadt, die einen polnischen Pogrom gegen jüdische Überlebende wie in Kielce verhinderten, sondern eine schwere Eisentür, die den Stößen des hasserfüllten Mobs nicht nachgegeben hat.

Wann war das?, frage ich.

Auch 1946, sagt Jerry. Die jüdische Familie, die beinahe Opfer dieses Überfalls wurde, ist anschließend umgezogen, in das Haus der Bergmans, die Tochter, etwa zehn Jahre älter als Jerry und so hübsch, dass es ihn als Kind schon verwirrte, habe ihm erzählt, wie sie mit ihren Eltern oben in der Wohnung saß, unten das Gebrüll und das Schlagen gegen die Tür hörte und sich unter Todesangst vorstellte, was die mit ihnen tun würden, wenn sie hochkämen.

Und blieb die Nachbarsfamilie in Tarnów? Er nickt, das Mädchen sei Ärztin geworden, eine starke Person, die jahrzehntelang das Krankenhaus von Tarnów geleitet habe.

Und dann fragt er plötzlich: Chantal Akerman hat sich umgebracht. Warum? Er sieht mich kurz an, wir laufen schweigend weiter, sehen zu Boden.

Er habe gehört, sie sei unglücklich verliebt gewesen, in eine jüngere Frau, aber das allein könne doch nicht der Grund gewesen sein? Nein, bestimmt nicht.

Also? Er sieht mich wieder an. Ich sage nichts. Ich sage nicht, was mir plötzlich durch den Kopf geht:

Vielleicht hat sie sich schließlich umgebracht, weil sie nicht mehr schlafen konnte.

Nachdem ich heute LÀ-BAS gesehen und ihre dunkle, vertrauensvolle Stimme gehört habe, die ohne Scheu davon spricht, wie fremd sie sich im Leben fühlt und wie Bekannte und Freunde sich um sie sorgen und ihr immer wieder versichern: Es ist gut, du hast Glück, großes Glück, dass du schlafen konntest! Gut, dass du geschlafen hast!

Zwar bezieht sich diese Aussage der Freunde auf ein Selbstmordattentat, das ganz in der Nähe ihres Appartements in der Innenstadt von Tel Aviv verübt wurde, und drückt ganz unmittelbar die Erleichterung darüber aus, dass sie am Leben und nicht betroffen ist. In ihren eigenen Betrachtungen aber verschwimmen die Aussagen der besorgten Freunde mit dem Nachdenken über den Suizid ihrer Tante und die eigene Lebensunfähigkeit: Und alle sagen, wie gut, dass du schlafen kannst.

Ich sehe Jerry Bergman an. Ich weiß nicht, ob er nachts Schlaf findet. Ich erzähle ihm, was mir vom Verhältnis Chantal Akermans zu ihrer Mutter bekannt ist, vom symbiotischen Verhältnis zwischen ihnen und der Geschichte Nataljas als Überlebende des Holocaust. Skeptisch höre ich mir beim Reden zu, höre mich den Satz sagen, dass sie ihrer Mutter ein Jahr nach deren Tod nachfolgte. Jerry Bergman bleibt stehen. Oh my God, sagt er, she lived all her life with her.

Auf dem Rückweg zum Markt schaut er in alle Hauseingänge, ob er nicht in irgendeinem Winkel noch eine Mezuzah entdeckt, er sagt, vor ein paar Jahren konnte man hier überall Reste und farbliche Spuren alter Mezuzahs erkennen, schattige Abdrücke der schmalen Röhrchen, die die frommen Juden am Türpfosten ihres Hauseingangs anbringen, mit einem Segensspruch aus der Torah. Aber die Leute im ehemaligen Grabówska-Viertel gäben sich jetzt alle Mühe, die letzten Spuren zu beseitigen, er beugt sich über einen Holzrahmen und schlägt mit der flachen Hand dagegen: Nothing! Hinter

uns hält ein silberner SUV, ein älteres Ehepaar sitzt darin. Aus dem Türrahmen tritt ein breitschultriger junger Mann, er hat ein Baby auf dem Arm und hält es den Ankommenden freudig entgegen. Jerry Bergman hat eben auf den benachbarten Türrahmen geschlagen und ruft unabsichtlich in ihre Richtung, über sie hinweg, in die Stadt Tarnów hinein: Here is nothing anymore! They don't want it!

Am Marktplatz verabschieden wir uns. Ich steige die Treppen zum alternativen Kulturbüro art squat hoch. Die Stufen sind aus dunklem Holz, alt und rissig. Handwerker gehen mit und ohne Leitern und Gerät durchs Treppenhaus und verschwinden in einer der offenstehenden Wohnungen, die mit Planen verhangen sind, das ganze Haus wird, wie es aussieht, gerade vollständig saniert, allein zwei Räume im zweiten Stock mit unbeheizter Toilette auf halber Treppe, werden benutzt, als Treffpunkt im Provisorium, in der Baustelle: ein Büro für junge Künstler•innen und Kurator•innen und daran anschließend ein schlichter weißer Galerieraum mit Bildern von Tarnówer Studierenden der Kunstakademie und ein langes Sofa. Ich bin gekommen, um mit dem Gründer dieses alternativen Kunstraums über Chantal Akerman zu sprechen und über Möglichkeiten, ihre Filme hier in Tarnów zu zeigen. Der junge, vielleicht dreißigjährige Lukasz D. führt mich in den Galerieraum und bittet mich zu warten. Die hohen Fenster gehen auf den Marktplatz. Ich schaue raus. Da steht Jerry Bergman noch, weit und breit der einzige Mensch auf dem Platz, und telefoniert.

Auf den letzten Metern hat er mich noch zu überzeugen versucht: Donald Trump wird der beste US-Präsident, den die Welt jemals gesehen hat. Lach nicht, du wirst sehen!

Regina, die Assistentin von Lukasz D. betritt den Raum, drückt kurz und hart meine Hand, und wir nehmen auf

dem Sofa Platz. Regina ist eine junge Business-Lady, etwa 25 Jahre alt. Sie führt das Gespräch.

Als Erstes will sie wissen, wie berühmt diese Chantal Akerman wirklich sei. Sie zeigt sich unverhohlen skeptisch, ob sich eine Beschäftigung unter diesem Gesichtspunkt überhaupt lohnen würde. Hier, sagt sie, kennt niemand ihre Filme. In Deutschland, denke ich, mit einigen Ausnahmen auch nicht. Und in beiden Fällen hat man es mit den Ländern zu tun, die aus unterschiedlichen Gründen ein Problem sowohl mit ihrer Biografie als auch mit ihrer Ästhetik und ihrem Geschlecht haben.

Chantal Akerman hat sich daraus nichts gemacht. Sie hat den Kunstmarkt als Phallus bezeichnet. Und als Götzendienst. Sie hat sich von Anfang an neben und unabhängig von ihm bewegt und auf diese Art ein beachtliches und faszinierendes Werk geschaffen, das konsequenterweise durch männliche Verleiher und Produktmanager nicht die geringste Beachtung findet, da es sich seinem Spiel verweigert hat, und eine Produktivität jenseits der phallischen Gesetze von Macht und Geld so unvorstellbar ist, dass sie glatt verschwiegen wird.

Gut, darauf kann ich vielleicht später noch zu sprechen kommen, nicht gleich zu Beginn. Ich sage, jenseits von Deutschland und Polen ist sie sehr wohl bekannt. In Paris, New York, Kopenhagen!, rufe ich, ist Chantal Akerman bekannt. Kurz erwäge ich zu erzählen, wie ein deutsch-türkischer Regisseur in seinem Film FACK JU GÖHTE mit der Namensgebung seiner als dumm, unterwürfig und männergeil gezeichneten Hauptfigur Chantal Ackerman eine bewusste Verhöhnung ihres Namens beging, die gegen sie als polnischstämmige, intellektuelle Filmemacherin und lesbische Frau zielte; ich lasse es, in dem Gefühl, dass meine Empörung hier auf wenig Resonanz stoßen würde.

So …?

Regina sieht mich erwartungsvoll an.

Entschuldigung, ich bin abgeschweift.

Was wolltet ihr nochmal wissen?

We want to know how her films are related to the city of Tarnów?

Durch die Vergangenheit, sage ich.

Okay but why should people from Tarnów see it? Does she show any images from Tarnów in her films?

No, definetely not.

But are her films talking about Tarnów?

No, nobody talks about Tarnów.

So ...?

Sie lacht gezwungen und sieht mich an, als wäre ich schwer von Begriff.

Why should we show her films in Tarnów?

Ich frage, ob sie an Geister glaube.

Sie lacht und antwortet nicht.

Ich sage, es gehe in den Filmen oft um etwas, das verschwunden ist. Das gewaltsam verschwunden ist, so wie in Tarnów. Chantal Akermans Mutter kam aus Tarnów, und um ihre Mutter und die Geschichte ihrer Mutter kreisen ihre Filme. Es geht um das, was nicht mehr da ist, was man folglich nicht sehen kann, aber dennoch hartnäckige Spuren hinterlässt, über die man sprechen kann. Und muss. Weil es nicht um eine abgeschlossene Vergangenheit geht, sondern eine, die in die Zukunft reicht und uns im Griff hat. Wisst ihr, wie Chantal Akerman über die Sicherheit des politischen Systems im Westen sprach? Sie sagte »zur Zeit«, zur Zeit leben wir in Sicherheit. Die Sicherheit vor politischem Terror und Verfolgung empfand sie stets als temporär und gefährdet. In den Tagen hier in Tarnów musste ich immer wieder an dieses »zur Zeit« denken, an das Gefühl vermeintlicher Stabilität, die so stark eingeschränkt ist durch ein »zur Zeit jedenfalls«, was eine Erfahrung ist, die für Chantal Akerman aus Tarnów stammt, wo etwas verschwunden ist ...

Kurzes Schweigen, da ich Atem hole. Regina lächelt schmal, mit geschminkten Lippen, auf die das Wort

tadellos passt, ich höre ihre Frage aus der Ferne: But tell me how famous has she *really* ever been in Belgium? und überspringe diese Worte, versuche, sie abzuhängen, ich renne und sage: Don't you know that we think back through our mothers if we are women!?

Das hat Virginia Woolf geschrieben, als Künstlerinnen arbeiten wir uns durch das Leben unserer Mütter zurück, und Tarnów ist die Stadt, in der Natalja Akerman aufgewachsen und aus der sie emigriert ist, noch bevor die Nazis einmarschierten, und die dann restlos zerstört und vernichtet wurde, jedenfalls jener Teil der Stadt, in dem sie einst zu Hause war. Ich weiß nicht, ob Chantal Akerman Tarnów jemals besucht hat. Womöglich Anfang der 1990er im Zuge ihrer Dreharbeiten zu D'EST, vielleicht hat sie aber auch bewusst einen Bogen um die Stadt gemacht. Es gibt nichts Offenkundiges im Verhältnis zwischen ihren Filmen und eurer Stadt, aber etwas offenkundig Verborgenes, Halb-Verborgenes auf beiden Seiten, in ihren Filmen genauso wie in eurer Stadt, die ihrer halben Bevölkerung beraubt wurde …

Ich bin aufgestanden und ans Fenster gegangen, laut sage ich nur, etwas zu laut und ich spüre den Drang das Fenster zu öffnen und über den Marktplatz zu rufen, wo noch immer als einzige Person Jerry Bergman steht, eine Mentholzigarette rauchend:
This is a ghost story!

Jedenfalls in einem entscheidenden Punkt habe Donald Trump Recht.

Jerry Bergman sagt von sich, er teile die Angst der Rechten vor einem arabisch-muslimischen Bürgerkrieg im Westen, die Asylgesetze in Dänemark und Deutschland seien viel zu lasch.

Ich besuche ihn ein halbes Jahr nach unserer Begegnung in Tarnów in seiner Wahlheimat Kopenhagen, er bereitet Pelmeni und Salat mit sauer eingelegtem Gemüse, ist ruhig und gemütlich, nach zwei Stunden ein plötzlicher Stimmungswechsel. Trostlosigkeit, uferlos.

Wir sind im Begriff, seine Wohnung zu verlassen, ich habe seinen pauschalen Aussagen über Geflüchtete widersprochen, worauf er sagt, solche Linken wie mich, die kenne er. Die tolerierten alles, selbst wenn sie angegriffen würden. Eine kurze und heftige Diskussion über die Bezeichnung »Nazi-Arabs«. Er sagt: Your child will pay for that. Will pay for you being so naive and stupid. They will come with a truck and kill your child in the middle of the street.

Er zittert. Er kann sich nicht beruhigen. Er habe nicht unfreundlich sein wollen, es tue ihm leid.

Schweigen. Ich solle schreiben über ihn, was ich wolle, auch das, selbst wenn man ihn dafür hassen werde, manche aber, dessen ist er sicher, würden so denken wie er. Die Faschisten, sage ich matt. Die Faschisten hätten in manchen Dingen nun mal Recht. Er sieht mich gequält an, dann blitzen seine Augen, mit seinem arabischen Freund, der hier in Kopenhagen im Ministerium arbeitet, habe er schon den Ernstfall besprochen, es werde sie nicht unvorbereitet treffen, er werde seinen Freund bei sich verstecken. Denn vielleicht weißt du, dass die gemäßigten Araber die Ersten auf der Todesliste der Islamisten sind, Verräter sind sie in deren Augen, die hingerichtet gehören. Das sind Nazis, sagt er. Und: Ich werde meinen arabischen Freund vor ihnen verstecken. Ich bin ein Jude, wie könnte ich mich davor drücken.

Viermal, erzählt er, wurden ihm vom Hinterhof her die Küchenfenster eingeschlagen, das eine Mal mit dem Ruf auf Dänisch »Juden sollen sterben«. Er habe eine arabische Person aus dem Nachbarhaus gesehen, wie sie ihn beschimpfte. Danach sei der Stein geflogen. Jedes Mal klirrten die Scheiben. Seine Angst hat sich in Wut gewandelt. Ihr nehmt das nicht ernst, sagt er zu mir. Erst nach dem dritten Mal sei die Polizei endlich gekommen. Alle hätten ihm gesagt, er solle einfach eine neue Scheibe einsetzen.

Nach dem Abschied sitze ich verstört und nachdenklich in der U-Bahn.

Ich war an seinem Ausbruch nicht unbeteiligt. Ich hatte ihn gefragt, ob ich ihn in meinem Text bei seinem richtigen Namen nennen darf oder ob er lieber anonym bleiben wolle. Schreib über mich, was du willst, war seine knappe Antwort. Und plötzlich spürte ich, wie allein schon durch die Frage ein imaginärer Blick von außen in unser Gespräch eingedrungen war, spürte, wie er sich plötzlich beobachtet sah und die unbekannten Blicke auf sich antizipierte, seiner Erfahrung nach häufig misstrauisch und antisemitisch, gefangen in einem fatalistischen Kreislauf der Feindseligkeit, ich sah, wie er den feindlichen Blick auf sich spürt, das Urteil. Und in die Offensive gehend bekennt er sich zu seiner eigenen Härte: Sollen die Leute mich hassen. Als würde er sagen: Sie hassen uns ja eh.

Zum letzten Mal geht es durch den Strzeleckipark Richtung Stadtzentrum, als mich ein junger Soldat anhält, auf Englisch wiederholt er, ich solle heute auf der Hut sein, nicht erschrecken! Warum, frage ich, macht ihr Truppenübungen, wird geschossen? Nein, nein, lacht er, wir veranstalten nur einen Wettlauf für Jugendliche.

Jugendliche Läufer mit großen Nummern auf der Brust rennen nun bewacht von Soldaten durch Nebel und Pfützen, vorbei an jenem polnischen Volkshelden muslimischen Glaubens, Josef Bem alias Murat, dem seine Landsleute hier in den 1920er Jahren ein Mausoleum mit arabischer Inschrift errichtet haben, nachdem sein Leichnam aus Aleppo wieder nach Tarnów zurückgekehrt war.

Wenn ich Menschen hier darauf anspreche, lachen sie über diesen »verrückten General«, der von seiner Mission so besessen gewesen sei, dass er aus militärstrategischen Gründen sogar bereit war, zum Islam überzutreten. Verrückt! Aber warum dann die arabischen Schriftzeichen an seiner Todesstätte, wenn es nur

politische Strategie und Schein-Religiosität war? Der Volksheld aus Tarnów war Muslim und starb in Aleppo!

Das ist, wie es scheint, den Einwohner•innen selbst ein bisschen zu andeutungsreich und nicht ganz geheuer. Besser man erklärt diesen konvertierten polnischen Muslim für verrückt oder für einen obsessiven, das heißt genialen und beinharten Militär.

In Joseph Roths »Juden auf Wanderschaft«, einem Essay über die Juden Galiziens aus dem Jahr 1927, findet sich der Hinweis, dass etliche katholische Polen in jüdischen Gegenden Galiziens zum Judentum konvertiert sind. Er spricht gar von einer polnischen Massenbewegung hin zum Judentum.

Das alles scheint sehr lange her und ist es auch, heute ist ein polnischer konvertierter Muslim nur noch ein Kuriosum, ein, wenn auch etwas bedrohlicher, Witz.

Eine Franz-Joseph-Synagoge, die diesen inoffiziellen Namen in Verehrung der Habsburger Monarchie als liberaler Vielvölkerstaat erhielt; das in arabischer Sprache beschriftete Mausoleum eines polnisch-muslimischen Volkshelden im Stadtpark: Was war das nur für ein fantastisches Tarnów im Jahr 1929, als Natalja Leibel, Chantals Mutter, hier im Kinderwagen spazieren gefahren wurde.

Sie hatte gute Erinnerungen an Tarnów. Vor allem an den großen Kreis der Familienmitglieder, die sich in Tarnów gern in einem Haus versammelten und nachher über alle Erdteile verstreut waren – jener plötzlich kleine Kreis der Überlebenden und ihrer Nachkommen. Chantal Akerman beschreibt in ihren beiden Büchern, wie positiv der familiäre Kontakt und das häufige Beisammensein in großer Runde sich auf das Wohlbefinden ihrer Mutter ausgewirkt habe. In Polen verbrachte Natalja offenbar eine schöne Kindheit, Chantal Akerman jedenfalls nimmt an, dass die Mutter aus dieser Zeit ihre Unbeschwertheit und ihren Lebenswillen schöpfte:

»Sie hat eine Kraft und einen Lebenswillen, den ich nicht habe. Sie ist aufgewachsen in einer Welt, in der es noch keine Lager gab. Sie hat als Kind die Welt ohne Schrecken kennengelernt und daran wieder angeknüpft oder es versucht.«

Chantal Akerman war mit dem Schrecken und der Realität der Lager schon von klein auf beschäftigt. Für sie gab es kein unversehrtes Tarnów.

Im Taxi auf dem Weg zum Bahnhof, vorbei an niedrigen Neubaublocks, einem leeren Spielplatz, einer Baustelle. Ich gucke aus dem Fenster, aber ich gucke nicht hin, ich drifte ab, merke das und denke: Sieh doch jetzt noch einmal genau hin! Aber ich kann nicht, die Augen tun mir weh, vielleicht ist es einfach die Sonne, die mich blendet, dass es wehtut, meine Augen jedenfalls sind matt, träge und nach innen gerichtet. Ich denke daran, wie viel ich in Tarnów geschlafen habe und dass das Erholsame am Schlafen die Pause vom Sehen ist. Das Sehen gleicht oft einem Überfall. Die Bilder kommen ungefragt und fordern dich heraus. Wann ist es da schon möglich wegzusehen?

Nur nachts. Im Traum. Bilderrückzug.

Chantal Akerman hat sich dem Sehen verschrieben und der Arbeit am Sehen, seiner Übersetzung in ein optisches Medium. Nicht zu schlafen hieß, weiterhin wach bleiben für alle Bilder und Eindrücke. Weiter zu sehen in wachsender Ohnmacht, weil der Körper immer weniger imstande ist, das Gesehene zu verarbeiten, weil die Reserven verbraucht sind, weil es keine Pausen mehr gibt. Man kann ohne Schlaf nicht überleben, aber um schlafen zu können, muss es Ruhe in einem geben, zumindest für ein paar Stunden. Diese Ruhe fand Chantal Akerman, wie es scheint, immer seltener. Man findet keine Ruhe, wenn man verfolgt wird.

Ich schließe die Augen. Okno ist das polnische Wort für Fenster. Das Radio läuft, die männliche Stimme im

Radio spricht im Tonfall der Sensation, ich höre nur okno und Krakówie, eine Reportage über Fenster in Krakau? Fensterglas, Scherben? Worüber spricht der Mann?
Am Bahnhof öffne ich die Augen wieder. Als ich in die Bahnhofshalle komme, sehe ich eine lange Schlange am Fahrkartenschalter, und in stiller Vorfreude auf eine immens klappernde Kassenmaschine stelle ich mich an.

DE L'AUTRE CÔTÉ

(2002)

KAPITEL VI

Produktionsgesellschaft:
AMIP (Paris), PARADISE FILMS (Brüssel),
ARTE FRANCE, CHEMAH I.S.

Kamera: RAYMONT FROMONT, ROBERT FENZ,
CHANTAL AKERMAN

Ton: PIERRE MERTENS

Schnitt: CLAIRE ATHERTON, FABIO BALDUCCI

Mischung: ERIC LESACHET

FARBE, 103 MIN

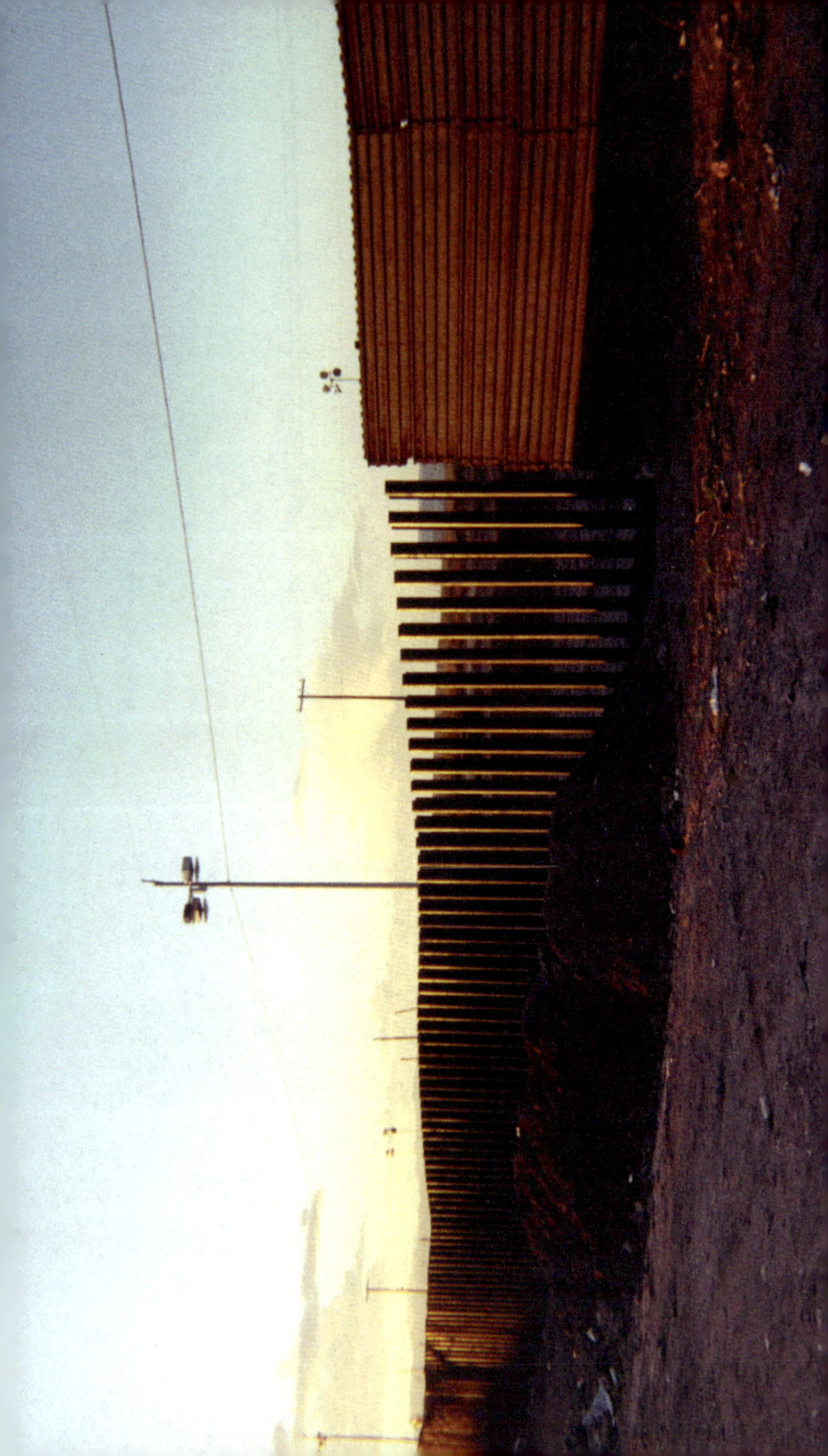

Ich komme nach Hause, und in dem Moment, da ich den Schlüssel im Schloss drehe und mich gegen die schwere Haustür lehne, halte ich inne: Da steht derselbe Lieferwagen vor meiner Tür wie am Tag meiner Abfahrt. Ein weißer Lieferwagen mit bulgarischem Kennzeichen, der zwei Frauen abliefert, ausliefert. Sie steigen aus der Hecktür und laufen hintereinander zur Potsdamer Straße. Der Wagen folgt ihnen, und ich folge dem Wagen. Und ich bekomme zu sehen, was sich verbirgt, wie nun wieder jeden Tag. Tage, von denen ich nichts ahne.

Was weiß ich von den Menschen, die meinen Weg kreuzen? Denke ich und gleich:

Warum *meinen* Weg, warum spreche ich nicht von den anderen Menschen, *deren* Weg *ich* kreuze? Denn so verhält es sich ebenfalls. Warum denke ich so schnell ein freischwebendes, unzusammenhängendes, von allen anderen losgelöstes Ich? Warum soll ich von mir ausgehen und auch noch davon ausgehen, dass alle anderen ebenfalls selbstverständlich von sich ausgehen. Es gibt andere Beispiele, jenseits der westlichen Kultur. Die Straße ist nicht *mein* Weg. Das Geteilte wird abgetrennt und das Gemeinsame zum Eigenen *fantasiert*. Das Eigene. Eigentum.

Auf einmal erscheint mir das Sehenwollen wieder obsessiv und trügerisch. Ich gehe nach Hause und schaue aus dem Fenster, reglos bis zum Einbruch der Dunkelheit, wenn die Straßen sich endlich so unkenntlich, unerkennbar zeigen, wie ich sie sehe. Was weiß ich von den Menschen, deren Weg ich jeden Tag kreuze?

Ich habe mich zurückgemeldet. Blick auf mein Telefon, Blick auf eine Nachricht. Ich schaue auf meine Hand, die sich verkrampft. Was weiß ich von meinem Leben?

Ich habe eine Grenze zurück in den Westen passiert. Das ist sicher.

Ich gucke Chantal Akermans Film DE L'AUTRE CÔTÉ, der vom Grenzübertritt in den Westen erzählt.

»And it scares me also with the Mexican people coming. As fast as they are coming in. They can do the same thing. They can take over and do a lot of damage, you know.«

Die Szene auf der Ranch in San Diego County findet in der gleichen Landschaft statt wie an den öden Ausläufern des Ruhrgebiets. Chantal Akerman hat DE L'AUTRE CÔTÉ (dt.: Von der anderen Seite) ein Jahr nach dem Terroranschlag auf das New Yorker World Trade Center gedreht, auf den die Aussage der US-Farmerin anspielt.
DE L'AUTRE CÔTÉ zeigt den ganzen ersten Teil über Bilder von der mexikanischen Seite, wir hören Geschichten von gescheiterten und tödlichen Versuchen, die Grenze zu überqueren, sehen lange Einstellungen von schweigenden Eltern, die ihre Kinder oder Enkelkinder bei diesen Fluchtversuchen verloren haben. Wir sehen den Zaun, spielende Kinder, die Wachtposten von der anderen Seite, ein junges Paar mit einem Kleinkind, das seinen Einkauf den Zaun entlang nach Hause schafft. Wir sehen eine Gruppe illegaler Einwanderer, eine Schicksalsgemeinschaft von Flüchtenden, deren Sprecher eine für die Kamera und den Westen geschriebene Botschaft verliest, Demütigung in den Gesichtern. Alle acht Personen sitzen um den Tisch eines Restaurants, während die Botschaft verlesen wird, einige schauen verlegen zu Boden, ziehen sich die Basecap tief ins Gesicht, eine Frau sieht ernst und bitter in die Kamera, einer schaut fragend, vielleicht David Rodriguez, dessen Geschichte später noch weiter erzählt wird. Es ist eine widerliche Position, in der sie gefilmt werden, Demütigung in den Gesichtern.

»The life of an illegal is very ugly. We suffer all kinds of discrimination in both countries. When trying to cross over we are lonely, cold, we are assaulted. We must cross through arid regions where there are many vipers.

And if we are not lucky our number is up. What we want is a better life with enough food, clothing and work. We also seek for a better way of thinking.

Only God and the memory of our families keep us moving forward, whatever the cost, even when, as now, we have been abandoned by those who were to help us cross over. Today I thank God because we found you. And thanks to you we have food to eat.«

Der unangenehme Moment des weißen Blicks wird durch nichts gemildert, sondern ausgehalten. Wer immer diese Szene sieht, spürt, dass die Situation nicht stimmt. Und dass hier eine Demütigung mitgeteilt wird, aus der niemand austreten oder sich der Verantwortung entziehen kann. Wir sitzen mit am Tisch und betrachten und hören uns das Leid an. Durch das lange Angesprochenwerden der Kamera – wir sind die Kamera, wir sind in dem Moment der Westen, an den sich der Appell richtet – wird die *Situation* schwer erträglich.

Die Kamera auf dem Gesicht der Frau …
ihre Stimme … You know …

Sie will warm wirken vor der Kamera, verletzlich auch, sehr verletzlich und nachdenklich und besorgt.
Yeah, you know.

They can do the same thing.
Because there are so many of them, you know.

Sie spricht von den mexikanischen Immigranten, vor allem von ihrer Furcht vor ihnen, hier, auf ihrer Ranch. Die Kamera auf dem Gesicht der Frau. En face.

Sie ist ganz in Blue Jeans, Jeanshemd, Jeansjacke und Hose. Das lange, dicke Haar dunkelbraun gefärbt. Ein Haarreif verhindert, dass ihr eine Strähne ins Gesicht fällt. Ihre Stimme *soft*:

> It scares me also with the Mexican people coming, as fast as they are coming. They can do the same thing because there's so many of them.

Und ihr Mann mit seinem schmalen, jungenhaften Gesicht, der ganz in Schwarz – schwarzer Cowboyhut, schwarzer Schnauzer, schwarzer Seidenblouson, schwarze Jeans – neben ihr steht und sich offenbar von seiner sympathischsten Seite zeigen will, lächelnd und freundlich in die Kamera spricht und seiner Frau beipflichtet: One of our biggest fears actually with Mexican people coming in – and I know it hasn't been in very many cases, but – is disease. More than anything else, okay? Smallpox and stuff like this, which hasn't, but who is to say it won't? You know what I mean?

Diese Stelle ist erstaunlich, da der weiße Mann selbst den phantasmagorischen Charakter seiner Ängste punktgenau formuliert, ohne es zu merken. Und ohne es zu merken, nennt er als angebliche Bedrohung für die weißen Amerikaner ausgerechnet Pocken, jene Krankheit, die im 17. und 18. Jahrhundert durch die Weißen eingeschleppt wurde, ein Massensterben in der indigenen Bevölkerung verursachte und ganze Stämme auslöschte.

Seine Frau geht noch weiter und fantasiert ihren Opfertod: And there is not enough vaccine for everybody.

The first they will be given is to our kids, our grandkids and all the young people, you know. I'd like to have it too, but priority is to young ones not us older ones that have lived our lives. You know that is kind of hard to stop think about. I don't wanna die, but in between two evils my kids would live.

Worauf ihr Mann unvermittelt grinst und verrucht in die Kamera raunt: I had a great life.

Keine halbe Stunde später das: Im wackelnden Fadenkreuz hell erleuchtet vor dunkelgrauer Nacht eine Radaraufnahme, die schemenhaft ungefähr zwanzig Körper zeigt, die in einer langen Reihe hintereinander über ein weites Feld abgeführt werden. Über ihnen Hubschrauber. Geflüchtete, die es nicht geschafft haben.

Ich schaue gebannt auf das Radarbild, das einen Menschen nur noch anhand elektromagnetischer Wellen erkennt, ein Gerät, das nichts anderes tut, als Bewegung von Wärme zu erfassen – zur Kontrolle und Eindämmung ebendieser Wärme.

Mein Herz pocht, meine Augen werden starr. Das Radarbild, denke ich, hat das Antlitz besiegt, schon längst, in Europa, wo Immigranten an den Außengrenzen mit Radargeräten winzigen Tierchen unterm Mikroskop gleich aufgespürt und ergriffen werden. Ein Mensch wird hier nur noch anhand seines leuchtenden Umrisses als solcher erkannt, seiner individuellen Züge, des Bildes seines Körpers und seines Gesichts beraubt. Das Radarbild tritt an die Stelle des menschlichen Antlitzes und ist seine absolute Negation.

Ich gehe runter zum Spätkauf. Ich brauche ein Bier. Neben dem Eingang sitzt auf den Treppen ein Mann und hält die Hände über den angewinkelten Knien, als würde er in einem unsichtbaren Buch lesen. Jetzt blättert er die Luft um und sieht auch nicht auf, als ich vor ihm stehe.

Was liest du?

Er sagt, ohne aufzusehen:

Levinas.

Und scheint auch noch weiterzulesen, während er freundlich und knapp ausführt:

Es ist die permanente Verwundbarkeit des Einzelnen, genauso wie die ständige Gefahr der Verschlechterung der staatlichen Rahmenbedingungen, die die Fremdheit jedes Menschen zu seiner eigentlichen Bedingung macht.

Wie bitte?

Die Bedingung – oder Un-bedingung – von Fremdlingen und Sklaven im Lande Ägypten bringt den Menschen dem Nächsten nahe.

Ist das Levinas?, frage ich.

Das ist Levinas. Das ist Sintflut und Verantwortung, ich denke täglich über die Sintflut nach. Es ist doch hart, gleich die ganze Menschheit zu vernichten, oder? Und auch, vierzig Jahre in der Wüste zuzubringen.

Wovon sprichst du?

Von der Zeit, die es braucht, um eine Gefangenschaft abzuschütteln. Und du?

Ich brauche ein Bier. Ich bin zurück aus Tarnów und sehe nur Nazis.

Nun, wenn das stimmt, wäre das in der Tat eine deutliche Verschlechterung der äußeren Rahmenbedingungen.

Ich sehe seit ich aus Tarnów zurück bin an jeder Ecke Nazis. Glaubst du, ich sehe Gespenster?

Ich weiß nicht, was du siehst. Aber andere Frage: Glaubst du, es gibt Stunden, die nicht von der Sintflut bedroht sind? Wir sind ständig in Gefahr, unser Leben oder unsere Menschlichkeit zu verlieren.

Ich habe eben einen Film gesehen, der die Entstehung des kalten und mitleidlosen Blicks auf andre Menschen zeigt, das macht mich fertig. Tut mir leid, aber ich versteh das mit der Sintflut nicht.

Dabei hat es, glaube ich, mit dem zu tun, wovon du gerade sprichst. Der kalte Blick kommt daher. Er kommt aus der Arche, die verschlossen wird gegen die restliche Menschheit, die ertrinken soll, und es ist interessanterweise nicht Noah, der die Tür schließt, sondern Gott. Noah kann es nicht. Als Mensch kannst du dich nicht von deinesgleichen abwenden. Nein, für diesen infamen Akt braucht es Gott! Gott schloss die Schiffstür zu und ließ es regnen. Basta, so wird mit der Welt gebrochen. Aber wir sind inzwischen selbst der Gott, verstehst du? Angesichts einer permanent drohenden Sintflut, in der sich die Sünden der Reichen inzwischen gegen die ganze Menschheit richten,

stehen wir vor einer unmöglichen Innerlichkeit. Niemand kann in sich selbst bleiben. Wie kann ich mich allein in mich zurückziehen, ich sehe mich doch gar nicht! Was sehe ich von mir, meine Hände, meine Unterarme, die irgendwas heben, ich sehe sie am Waschbecken hantieren, mehr nicht. Ich sehe meine Füße. Ich sehe immer nur meine Füße und meine Arme in irgendeiner Bewegung. Meine Augen sehe ich nicht. Mein Gesicht sehe ich einmal kurz und vergesse es dann wieder. Ich sehe mein eigenes Antlitz nicht, aber ich sehe das Antlitz der anderen. Deine Menschlichkeit als Mensch, deine Subjektivität ist pure Verantwortung, die du sogleich verspürst in dem Moment, da du einer anderen Person in die Augen blickst. Das Antlitz der anderen ruft dich in eine unvertretbare und maßlose Verantwortung.

Und jetzt sieht er mich an aus schwarzen Augen. Ein kurzer und tiefer Blick. Dann versinkt er wieder in seine unsichtbare Lektüre. Ich kaufe mir ein Bier und öffne es gleich im Stehen.

Levinas' Seminare in Paris waren Chantal Akermans Jeschiwa. So nannte sie es. Das jüdische Denken, das Ausgehen vom Anderen, die Ironie des Überlebens. Man muss es ernst nehmen, wenn sie bekennt, dass sie nach ihrer psychischen Krise Mitte der 1980er Jahre alles oder vieles von dem, was sie einst bei Levinas gelernt hatte, auf einen Schlag vergaß. Betrachtet man die etlichen und erstaunlichen Filme, die sie in den folgenden Jahrzehnten noch drehte, könnte man sich schnell verleitet fühlen, ihr in blinder Verehrung (und Überheblichkeit) zu widersprechen, da ja ganz offenkundig die Filme voll von jener Weisheit sind, der Weisheit des »Antlitzes« sowie einer immerwährenden subtilen Reflexion des jüdischen Bilderverbots. Doch damit machte man es sich zu leicht. Wenn Chantal Akerman

von einem herben Verlust ihres Wissens durch die psychische Krise spricht, ist das nichts, worüber man hinweggehen sollte.

Anhand dessen, was wir sehen, was danach trotzdem noch da war und in ihr Schaffen einfloss, können wir vielleicht etwas von jenem intellektuellen Reichtum ahnen, an dem sie teilhatte und von dem womöglich ein Teil in tiefere Schichten gelangte, wo es verinnerlicht verfügbar blieb. Doch wenn wir auch nicht wissen, welche Gedankenverbindungen und wie weitreichend, so steht fest: Ein Teil ihres Wissens ging verloren.

Die Schlusspassage des Films ist der Geschichte einer mexikanischen Mutter gewidmet, der Mutter von David Rodriguez, deren Spur sich in Los Angeles verliert. Während die Geschichte der Suche Davids nach seiner Mutter, die als Illegale in verschiedenen Haushalten arbeitete, erzählt wird, verfolgt die Kamera die nächtlich vorbeiziehende Landschaft durch die Frontscheibe eines Autos. Tunnel, Lichter auf der vierspurigen Autobahn kurz vor Los Angeles. Autos vor uns, neben uns. Wir fahren, fahren, immer liegt im Bild nur ein weiterer Weg vor uns. Quälend, kein Ende in Sicht. Noch lange kein Tageslicht.

Wir hören, wie die letzte Vermieterin von Davids Mutter Auskunft gibt. Chantal Akermans Stimme liest das eindringliche Protokoll einer Katastrophe:

David weiß nicht, wie seine Mutter den Grenzübertritt geschafft hat. Sie muss draußen übernachtet und alle möglichen Jobs gemacht haben. An einer Tankstelle weiß er, hat sie gearbeitet und in einem Imbiss. Dann immer öfter als Putzfrau. Sie hinterließ eine Spur von Stadt zu Stadt. In L.A. verliert sich ihre Spur.

David kam als Illegaler in die USA, um seine Mutter zu finden.

Wir hören, was Leute über seine Mutter sagten, dass sie immer höflich gewesen sei, aber so düster geblickt habe.

Und kaum ausgegangen sei, keinen Besuch hatte. Sie ist in das Zimmer, das sie bewohnte, von einem Tag auf den andern nicht mehr zurückgekehrt. Sie hat, wie es aussieht, von einem Tag auf den andern alles verlassen. Sich bei niemandem mehr gemeldet. Die Vermieterin sagt zu David, sie habe den Mantel aufgehoben. Aber seine Mutter sei nie gekommen, um ihn abzuholen. Das sei vier Monate her. Die Vermieterin klagt darüber, dass sie das Zimmer nicht vermietet kriegt. Sie beginnt schon zu glauben, dass Davids Mutter eine schlechte Aura hinterlassen oder das Zimmer mit einem Fluch belegt hat.

Einmal vor einem Mexiko-Trip habe sie Davids Mutter gefragt, welche schönen Orte man dort besuchen könne. Davids Mutter habe nur die Schultern gezuckt und etwas gemurmelt und sei schnell auf ihr Zimmer gegangen, ganz zum Unverständnis der Vermieterin.

Manchmal denke sie, sie sei gestorben. Aber nein, vermutlich nicht. Man dürfe nicht so düstere Gedanken haben.

Sie habe immer sehr gepflegt ausgesehen, ihre Kleidung war gebügelt. Sie bügelte in ihrem Zimmer, mit dem Radio an. Einmal sei die Sicherung rausgeflogen, da habe sie sie gebeten, beim Bügeln nicht mehr das Radio anzumachen. Wenig später sei sie verschwunden.

Einmal glaubte sie, Davids Mutter auf der Straße zu erkennen, doch als sie näher herangekommen sei, war da niemand mehr, ein Mirage.

Keiner hat sie je gefunden oder wiedergesehen. Die Mutter von David Rodriguez ist in der reichen, weißen Welt der USA verschollen. Die Suche wird aufgegeben. Mit dem Verschwinden einer Mutter im tödlichen Paradies, in der Hölle des Westens endet der Film.

Die Erzählung und die Bilder der Autofahrt in ein unerbittliches Vorwärts lassen einen vollkommen hoffnungslos zurück.

Es ist nicht unwahrscheinlich, dass Chantal Akerman schon an das drohende Ende ihrer eigenen Mutter dachte und an die Katastrophe, die das für ihr Leben bedeuten würde, inmitten eines westlichen Exils, in welchem die Mutter die Verbindung in eine spurlose Herkunft hält. Die jüdische Mutter bleibt bei den Schriftstellern Joseph Roth und Claudio Magris bis zum Schluss die Hüterin der anderen Welt. Verschwindet sie, besteht zur verlorenen Welt keine Verbindung mehr. In ihrem 2013 erschienenen Buch *Ma mère rit*, Meine Mutter lacht, fragt sich Chantal Akerman, wie es ihr möglich sein soll, ohne die Mutter weiterzuleben. Natalja Akerman war zu dem Zeitpunkt bereits sehr alt und krank, sie starb 2014.

Zuletzt …

Beim Essen … wieder der Versuch, sie mir vorzustellen, die Buhrufe …

Ein üppiges Frühstück im Hotel Handelshof, LES RENDEZ-VOUS D'ANNA, die Geschichte der belgischen Filmemacherin und ihrer Mutter hängt in den Gardinen. (Heute früh sind sie zurückgezogen, Sonnenlicht durchstrahlt den Raum.) Buhrufe und Ablehnung gab es auch damals. LES RENDEZ-VOUS D'ANNA wurde Ende der 1970er bei einem Festival in Paris ausgebuht. Chantal Akerman sagt Jahre später zu ihrer Hauptdarstellerin Aurore Clément: Oh, und ich dachte, gleich schmeißen sie wieder mit Tomaten, und ich wusste, ich hätte dich warnen sollen und muss dich auf der Stelle da rausholen.

Gleich schmeißen sie wieder mit Tomaten … Zwei Erfahrungen mit dem Blick anderer Menschen, die des ungeschützten Antlitzes und die des Radarbilds. Eine Gardine, hinter der man sich verbirgt oder die man herunterreißt. Ein durch welche Technik auch immer zwischengeschobener Filter, eine künstlich fabrizierte Distanznahme in die höchste und fernste Aussicht, die matt und tannengrün die eigene Unangreifbarkeit suggeriert und in die Lage versetzt, mit Tomaten auf Frauen

zu schmeißen, die von ungekannter Intimität erzählen. Angst vor Berührung.

Und wie hat Chantal Akerman im Sommer 2015 auf die Buhrufe in Locarno reagiert? Was geschieht wohl, wenn das passiert, welcher Reflex setzt ein? Man behält die Fassung, versucht sein Gesicht zu wahren … vielleicht. Oder man lässt aus Protest all das fahren. Buh, Beleidigungen, Sounds, die dich naturgemäß schwanken lassen. Im Ohr sitzt der Gleichgewichtssinn. Feindseligkeit, Hass finden über das Ohr Zugang in den Körper.

Ich bin die Letzte an diesem Vormittag, neben mir nur noch eine Gruppe von Männern in dunklen Anzügen, ich höre sie über Parteigelder sprechen, über eine noch ausstehende Reisekostenerstattung von dreißig Euro, die endlich beglichen gehöre.

Ich stelle mir Chantal Akerman im Kinosaal in Locarno vor, irgendwo am Rand schaut sie sich selbst noch einmal auf der Leinwand bei der Arbeit an diesem Film zu, der ihr unkontrolliert passiert sei, wie sie im Nachhinein sagt, obsessiv. Der ganze Film ist obsessiv.

Vergeblich versuche ich zum wiederholten Mal, mir die buhrufenden Männer und Frauen vorzustellen, es gelingt mir nicht. Weil ich mir nicht vorstellen kann, wie man von ihren Bildern nicht getroffen sein kann. Aber vielleicht ist es das, die Bilder *trafen*, aber wurden als störende, *feindliche* Treffer empfunden.

Und plötzlich habe ich dazu ein Bild, Mirage, Fitzelchen von Erkenntnis, unsicher, und morgen sicher schon wieder zu revidieren: Ich sehe ein paar Filmkritiker•innen vor mir, die im Sommer 2015 beim Filmfest von Locarno Chantal Akermans letzten Film NO HOME MOVIE über ihre alte kranke Mutter ausgebuht haben.

Da ist ein Mann, nicht alt, nicht jung, der in der Szene, da Chantal Akerman nachts mit zitternder Handkamera ruhelos durch die Wohnung der Mutter hastet, über seinen Bart kratzt, erst unbehaglich, dann genervt

und verärgert sich von einer Seitenlehne auf die andere stützt und sich im Sessel zu vergraben sucht, was nicht gelingt, nicht einmal die Augen zu schließen.

Ein anderer flüstert der Frau neben sich etwas zu, die lacht laut. Sie zeigt, dass sie nicht so eine Schwache ist wie die beiden Frauen da im Film, denen es offenbar nicht gut geht. Sie spricht ungehemmt in voller Lautstärke und tut ihren Unmut kund.

Aber sie bleiben sitzen. Um das schwer verdauliche Mahl mit einer satten Rechnung aus Buhrufen zu quittieren. Soll dieser Abend sie ruinieren.

Es ist ein düsterer Film, er zieht in einen Abgrund. Er zeigt in den Abgrund eines Lebens, einer versehrten kranken Liebe. Er zieht mit, die eigene dunkle Furcht zeigt sich jederzeit bereit, mit hinabzustürzen, in die Geschichte Chantal Akermans und ihrer Mutter, es ist schwer zu ertragen, was der Film in der Untiefe des eigenen Leibs auslöst. Namenlose Angst und Verlassenheit von der letzten sicher geglaubten Wärme, Halt.

Das Problem der Fahrtkostenerstattung ist noch nicht geklärt, als ich den Frühstückssaal mit meiner Reisetasche verlasse. Am Bahnhof steht ein Zug nach Paris.

Akerman, Chantal, *Ma mère rit*, Paris 2013
Akerman, Chantal, *Une famille à Bruxelles*, Paris 1998
Akerman, Chantal, „Neben seinen Schnürsenkeln in einem leeren Kühlschrank laufen" in: Astrid Ofner, Stefan Flach und Claudia Siefen (Hg.), *Chantal Akerman. Eine Retrospektive der Viennale und des Österreichischen Filmmuseums* 6. Oktober bis 3. November 2011, Wien 2011
Bonnefoy, Françoise, *Bordering on fiction. Chantal Akerman's D'Est*, Kunstmuseum Wolfsburg 1996
Bartosz, Adam, Gauger, Soren, *What happened to Tarnów's Jews?*, Liverpool University Press 2017
Brenez, Nicole, „Das Pyjama-Interview" in: Flach, Ofener, Siefen (Hg.), *Chantal Akerman*, Wien 2011
Mangolte, Babette, „Die Lautheit der Welt: Hören, was dort draußen ist" in: Flach, Ofener, Siefen (Hg.), *Chantal Akerman*, Wien 2011
Hembera, Melanie, *Die Shoah im Distrikt Krakau. Jüdisches Leben und deutsche Besatzung in Tarnów* 1939 – 1945, Darmstadt 2016
Horvilleur, Delphine, *Parole funèbre* (Grabrede der Rabbinerin Horvilleur), 2015
https://tenoua.org/chantal-akerman/, http://sensesofcinema.com/2015/chantal-akerman/funeral-speech/
Landmann, Salcia, *Der jüdische Witz. Soziologie und Sammlung*, Olten 1960
Levinas, Emmanuel, *Humanismus des anderen Menschen*, Montpellier 1972
Magris, Claudio, *Weit von Wo. Verlorene Welt des Ostjudentums*, Wien 1974
Ripplinger, Stefan, „Würde ich reden, wäre ich am Ende." Das Leben ihrer Mutter, einer Holocaust-Überlebenden, spiegelt sich in Chantal Akermans bedeutendem künstlerischen Werk, *konkret* 11/15
Roth, Joseph, *Juden auf Wanderschaft*, Berlin 1927
Weiss, Yfaat, *Staatsbürgerschaft und Ethnizität. Deutsche und polnische Juden am Vorabend des Holocaust*, Tel Aviv 1997

FILMOGRAFIE

FILME VON 1968 – 2015

ANHANG

Saute ma ville
Belgien 1968, Schwarzweiß, 13 Min.

Hôtel Monterey
Belgien 1972, Farbe, 63 Min.

La chambre
Belgien 1972, Farbe, 11 Min.

Je tu il elle
Belgien/Frankreich 1974, Schwarzweiß, 90 Min.

Jeanne Dielman, 23, quai du Commerce, 1080 Bruxelles
Belgien/Frankreich 1975, Farbe, 200 Min.

News from Home
Belgien/Frankreich 1976, Farbe, 90 Min.

Les rendez-vous d'Anna
Frankreich/Belgien/BRD 1978, Farbe, 127 Min.

Aujourd'hui, dis-moi
Frankreich 1982, Farbe, 45 Min.

Toute une nuit
Belgien/Frankreich 1982, Farbe, 90 Min.

Les années 80
Frankreich/Belgien 1983, Farbe, 79 Min.

Un jour, Pina a demandé ...
Frankreich/Belgien 1983, Farbe, 57 Min.

J’ai faim, j’ai froid
Frankreich 1984, Schwarzweiß, 12 Min.

Letters Home
Frankreich 1986, Farbe, 104 Min.

Golden Eighties
Frankreich/Belgien/Schweiz 1986, Farbe, 96 Min.

Portrait d’une paresseuse
Belgien/BRD 1986, Farbe, 14 Min.

Histoires d’Amérique: Food, Family and Philosophy
Frankreich/Belgien 1988, Farbe, 92 Min.

Nuit et jour
Frankreich/Belgien/Schweiz 1991, Farbe, 90 Min.

D’Est
Frankreich/Belgien 1993, Farbe, 110 Min.

Portrait d’une jeune fille de la fin des années 60 à Bruxelles
Frankreich 1993, Farbe, 60 Min.

Chantal Akerman par Chantal Akerman

Frankreich 1996, Farbe, 63 Min.

Un divan à New York

Frankreich/Belgien/BRD 1996, Farbe, 105 Min.

La Captive

Frankreich/Belgien 1999, Farbe, 107 Min.

Sud

Frankreich/Belgien 1999, Farbe, 70 Min.

De l'autre côté

Belgien 2002, Farbe, 102 Min.

Demain on déménage

Frankreich/Belgien 2004, Farbe, 110 Min.

Là-bas

Frankreich/Belgien/Israel 2006, Farbe, 78 Min.

La Folie Almayer

Frankreich/Belgien 2011, Farbe, 127 Min.

No Home Movie

Frankreich/Belgien 2015, Farbe, 115 Min.